U0140416

穿 行　诗 与 思 的 边 界

*Die Krise
der Narration*

—

Byung-Chul Han

叙事的危机

[德] 韩炳哲——著

李明瑶——译

毛竹——校

中信出版集团 | 北京

图书在版编目（CIP）数据

叙事的危机 /（德）韩炳哲著；李明瑶译 . -- 北京：
中信出版社，2024.5
ISBN 978-7-5217-6456-7

Ⅰ . ①叙… Ⅱ . ①韩… ②李… Ⅲ . ①哲学－文集
Ⅳ . ① B-53

中国国家版本馆 CIP 数据核字 (2024) 第 060008 号

叙事的危机

著者： ［德］韩炳哲
译者： 李明瑶
校者： 毛 竹
出版发行： 中信出版集团股份有限公司
（北京市朝阳区东三环北路 27 号嘉铭中心 邮编 100020）
承印者： 嘉业印刷（天津）有限公司

开本：787mm×1092mm 1/32　印张：3.5　字数：53 千字
版次：2024 年 5 月第 1 版　印次：2024 年 5 月第 1 次印刷
京权图字：01-2024-1535　书号：ISBN 978-7-5217-6456-7
定价：48.00 元

目　录

注意：讲述。

请耐心地听故事。

然后耐心地讲故事！

——彼得·汉德克

前　言

Vorwort

　　当今是一个人人都在谈论叙事的时代。矛盾的是，叙事话题的泛滥竟暴露了一场叙事的危机。在"故事化"（Storytelling）的喧嚣中，充斥着一种既无意义又无方向的叙事真空。"故事化"和"叙事转向"都无法带来叙事的回归。范式本身受到格外关注并成为流行的研究对象，这一现象预示着一种深刻的异化。对叙事的强烈呼唤指向了其自身的机能障碍。

　　当讲述（Erzählen）将我们安身于存在之中，即讲述通过赋予生命意义、支点和方向为我们指派一个地点，并将"在世存在"（In-der-Welt-Sein）变为"在家存在"（Zu-Hause-Sein），也就是说，当生命本身即讲述时，我们不会对故事化和叙事予以关注。恰恰在讲述失去其原有的力量，失去引力、神秘，甚至魔力之时，这些概念才会蔓延四溢。一旦讲述的建构性被看穿，便不存在内在的真理时刻（Wahrheitsmoment）。人们会觉得这样的讲述本身就是偶然的、可替换的、可变的，它不再提供有约束力和起联结作用的东西，不再将我们安身于存在之中。尽管当下充斥着对叙事的各种讨论，但我们其实生活在一个后叙事时代（postnarrative Zeit）。只有在后叙事时代，即叙事的魔力失效的时代，由人脑的所谓叙事结构支配的叙事意识才可能产生。

宗教是一种具有内在真理时刻的独特叙事。它用讲述驱除了偶然性。基督教是一种元叙事，它囊括了生命的每个角落，并将其锚定在存在中。时间本身就具有叙事性。基督历让每一天都显现出意义。然而在后叙事时代，它被剥夺了叙事性，变成了毫无意义的日程表。宗教节日是一段叙事的亮点和高潮。没有故事，就没有节日和节日时间，也没有节日感，即程度更深的存在感，有的只是工作与休闲、生产与消费。在后叙事时代，节日被商业化，沦为事件和景观。仪式也是叙事实践，它始终蕴含在叙事语境中。作为圈地（Einhausung）的符号技术，仪式将"在世存在"转变为"在家存在"。

　　能改变世界、开启世界的讲述并不由某一个体随意创造出来，其产生基于一个有不同力量和参与者介入的复杂过程。这种讲述终归是时代氛围的表现，它具有内在的真理时刻，与当今的"微叙事"截然对立。后者是空洞的、可替换的，其自身与偶然性别无二致，不具有引力与真理时刻。

　　讲述是个闭合形式（Schlussform）。它有一套创造意义和同一性的闭合秩序。在以开放和消除边界为特征的现代晚期，关闭和完结的各种形式被不断拆除。与此同时，越来越明显的放任姿态也触发了对叙事的闭合形式的需求。民粹主义、民族主义、右翼极端主义和部落主义的叙事，包括阴谋论在内，都满足了这一需求。它们被当作意义和同一性的来源。然而，在偶然性经验与日俱增的后叙事时代，叙事并没有形成强大的约束力。

　　讲述创造出共同体（Gemeinschaft），而故事化只催生出社群（Community）。社群是共同体的一种商品形式，由消费者组成。任何的故事化形式，都无法重新点燃那团把人聚在一起相互讲述故事的篝火。篝火早已熄灭。数字屏幕取代了篝火，将人当作消费者孤立开来。消费者是孤独的，不会形成共同体。社交平台上的"故事"（Storys）同样无法消除叙事真空。那不过是色情的自我展现或个人广告。发帖、点赞和分享等消费主义行为加剧了叙事的危机。

资本主义借助故事化将讲述占为己有。它让讲述听命于消费。故事化生产出消费形式的故事。在故事化的帮助下，产品被赋予了情绪，向消费者承诺独特的体验。如此一来，我们买卖、消费的其实是叙事与情绪。"故事"被推销，故事化实为卖故事（Storyselling）。

讲述与信息截然对立。信息强化偶然性经验，而讲述则将随机性转化为必然性，从而减少偶然性经验。信息没有存在的强度。尼克拉斯·卢曼曾敏锐地指出："信息的宇宙论不是存在的宇宙论，而是偶然性的宇宙论。"[1] 存在与信息相互排斥。因此，存在的缺失，对存在的遗忘，是信息社会所固有的。信息只能进行叠加和累积，不承载意义。讲述才是意义的载体。意义原本是指方向。我们今天确实接触到异常丰富的信息，但却迷失了方向。此外，信息导致时间的碎片化，使它成了一串空洞的"当下"序列。讲述则创造时间的连续性，也即历史性（Geschichte）。

一方面，社会的信息化加速了社会的去叙事化。另一方面，信息海啸的冲击唤醒了人们对意义、同一性和方向性的需求，即要把让我们面临自我迷失的信息密林变得澄明。当前包括阴谋论在内的转瞬即逝的叙事和信息海啸，不过是一枚硬币的两面。身在信息和数据海洋之中的我们，在寻找叙事的锚地。

如今，我们在日常生活中越来越少讲故事（Geschichten）。信息交流成为交际方式，使讲故事严重受阻。社交平台上也鲜少有人讲述故事。故事通过提升共情能力将人们彼此联结。故事创造出共同体。智能手机时代共情的丧失充分说明，智能手机并不是一种讲故事的媒介。仅从技术配置来看，智能手机就很难讲故事。点击和滑动屏幕不是叙事的姿态。智能手机只能加速信息的交流。此外，讲述需要倾听和深度专注。一个讲述共同体（Erzählgemeinschaft）也是一个倾听者的同盟。然而，我们明显失去了倾听的耐心，失去了讲述的耐心。

当下，正因偶然性风暴的冲击，一切都变得任意、倏忽、偶然，联结性、约束力和义务性皆在消失，故事化才有了发声的机会。叙事的泛滥显露出人们想要克服偶然性的需求。然而，故事化并不能将失去方向和意义的信息社会重新变回一个稳定的讲述共同体。相反，它反映了当前的一种病态现象。这种叙事危机由来已久，本书将对此寻根探源。[1]

---

1 在本书中，"故事"对应不同的德语单词，韩炳哲对此有所区分。Geschichte 既有"故事"也有"历史"的含义，与 Story 相比更强调源初性，Story 则更符合信息的特征，因此"讲故事"（Geschichtenerzählen）是好过"故事化"（Storytelling）的。Erzählung 意为"讲述"，也有"故事"的含义，从词源来看，erzählen 有列举之义，更偏重与"计算"（zählen）相对照。为避免造成混淆，本书中出现的 Story，译者均使用加引号的"故事"并加注原文。Erzählung 多数情况译为"讲述"，根据上下文有时也译作"故事"。erzählen 多译作"讲故事"。译文无法体现德语单词内涵或可能造成混淆之处，均加注了原文。（本书脚注均为译者注）

从故事到信息

Von der Erzählung zur Information

法国《费加罗报》的创办人伊波利特·德·维尔梅桑（Hippolyte de Villemessant）给信息的本质下过一个定义："在我的读者看来，拉丁区阁楼上的一把火远比马德里的一场革命重要。"[2] 在瓦尔特·本雅明看来，此话再清楚不过地表明："人们最想听的不再是来自远方的报道，而是有助于了解近旁的信息。"报纸读者的注意力不会超出眼前的事。注意力削减为好奇心。现代的报纸读者从一条消息跳到另一条消息，不再看向远方，不让视线在远方驻留。他们的注视不再悠长从容，目光不再流连忘返。

报道总是被嵌入一个故事（Geschichte）里，它具有完全不同于信息的时间和空间结构。报道"来自远方"，"远"是其本质特征。现代的特征之一是距离感的逐渐消解。遥远让渡于无间隔（Abstandslosigkeit），它把一切都变得可支配。信息便是无间隔性的一种天然现象。与此相反，报道的典型特征是不可支配的远方。它预示着一个不可支配也不可估测的历史性事件。我们任其摆布，如同服从命运。

信息的停留时间不会超过它为人所知的那一刻："信息的价值只体现在它尚且为新的那一刻。它只在那一刻存活；它必须完全依附于那一刻，并且刻不容缓地向那一刻表白自己。"[3] 与信息相比，报道具有超越瞬间、看向来临之物的时间宽度。它富有历史感，蕴含着叙事性的震动幅度。

信息是在各地搜寻新闻的记者所使用的工具。讲故事的人与记者截然不同，他不提供信息，也不做解释。讲故事的艺术要求隐瞒信息："讲故事艺术的一半奥妙就在于讲述时要避免解释。"[4] 隐瞒信息即不解释提升了叙事张力。

无间隔性既摧毁远方（Ferne），也摧毁近端（Nähe）。近端并不意味着无间隔，因为近端被刻写在远方之中。近端与远方互为前提，相生相成。正是二者的相互作用产生了光晕（Aura）："痕迹（Spur）是近端的现象，无论它留下的痕迹多远；光晕是远方的现象，无论它产生的光晕多近。"[5] 光晕是叙事性的，因为它充盈着遥远。相反，信息撤销了遥远，使世界失去了光晕和魅力。信息摆置（stellt）世界。它就这样把世界变得可支配。指向远方的"痕迹"则充满暗示，引人讲述故事。

信息的漫溢是造成现代社会叙事危机的罪魁祸首。在信息的巨浪洪流中，讲故事的精神已经溺亡。本雅明指出："如果说讲故事的艺术已至乏人问津的程度，那么信息的广泛传播则是造成此种状况的祸首。"[6] 信息取代了不可解释而只可讲述的事件。故事往往带有奇妙和神秘的色彩，它与处在神秘对立面的信息无法共容。"每天早晨我们都会收到来自世界各地的新闻，但值得一听的故事却少得可怜。原因在于，我们获知的事情无一不经过解释。换言之，如今所有发生的事情都对讲故事无益，但几乎所有的事情都有助于信息的传播。"[7] 这说明，解释与讲述相互排斥。

本雅明奉希罗多德为旧时讲故事的大师。关于萨米尼忒斯的故事 1 是其讲述艺术的一个范例。埃及国王萨米尼忒斯被波斯国王冈比西斯击败并俘虏。为了羞辱埃及国王，冈比西斯强迫他观看波斯军队凯旋。他还刻意安排萨米尼忒斯看

1　希罗多德在《历史》第三卷第十四章中讲述的一个故事。

到已沦为女仆的女儿。所有站在路边的埃及人都为这一场面悲叹唏嘘，萨米尼忒斯则孑然伫立，一言不发，眼睛紧盯着地面。他看到他的儿子在被押去处决的队伍中时，仍然不动声色。然而，当他在俘虏中发现自己年迈力衰的仆人时，却双拳击头，悲恸至极。从希罗多德这个故事中，本雅明认识到了讲故事的真正要领。他认为，所有试图解释为何埃及国王只在看到仆人那一刻才发出哀叹的做法，都会破坏叙事张力。唯有不提供解释才是讲述的真谛。讲故事不需要任何解释："希罗多德没做解释。他的叙述就那么平平淡淡。正因如此，这个古埃及的故事历经数千年后仍能令人称奇，发人深思。这就好比种子，在金字塔密不透气的墓室中放置了千年，今天依旧保有破芽生长的力量。"[8]

本雅明认为，故事是"耗不尽的"。它"凝聚、存储自己的能量，即使漫长的时间过后，仍能释放出来"。信息的时间性则完全不同。它的实效范围极窄，稍纵即逝，很快便会消耗殆尽。信息不是永保"破芽生长之力"的种子，它更像一粒粒尘埃。尘埃没有任何发芽的力量。一旦信息为人获知，它就会像录音电话上的留言一样变得无足轻重。

在本雅明看来，近代初期长篇小说（Roman）的兴起是讲述走向衰微的最早端倪。讲述源自经验，并将经验代代相传。"讲故事的人取材于自己的亲身经验或他人的转述，转而又把这些经验变为听故事人的经验。"[9] 故事凭借其丰富的经验和智慧，懂得如何向世人提出忠告，而小说则揭示"生命的深刻困惑"[10]。讲述能够塑造共同体，小说的诞生地则是孤独、孤立的个体。小说研究心理、提供解释，讲故事则重在描述："它能把极怪诞和奇妙的事情讲得细致入微，但事件发生的心理动机却不强加于读者。"[11] 然而，长篇小说并非讲述衰落的决定力量，资本主义时代信息的到来才是其终结者："另一方面，我们看到，随着资产阶级政权的完善和发达资本主义时期的到来，新闻业成为资产阶级政权的重要工具之一，一种新的传播形式应运而生。无论其源头多久远，在此之前，它从未真正影响过叙事文学的形式。然而现在，它开始施加影响了。和小说一样，它也是讲述所面临的陌生，但其威胁远非小说可比……这种新的传播形式就是信息。"[12]

　　讲述需要一种放松状态。本雅明视无聊（Langweile）为精神放松的顶点。无聊是一只"梦之鸟，孵化经验之蛋"；无聊是"一条温暖的灰色布巾，内里有最炽烈多彩的丝绸衬里"，"我们做梦时可以用它裹住自己"[13]。然而，"纸页森林沙沙作响"，这是信息的噪声，将梦之鸟惊飞。纸页森林里"不再有纺线织布"，取而代之的是信息。信息被当作刺激，不断被生产和消费。

讲述和倾听互为前提。一个讲述共同体同时也是一个听众的同盟。倾听具有一种特别的注意力。倾听者忘我地将"自我"沉入所听到的内容之中："越是忘我的倾听者，越是能将听到的内容深刻地印在记忆里。"[14] 我们越来越失去倾听的禀赋。我们只顾自我生产和自我窥探，不再醉心于忘我倾听。

在网络这一数字化纸页森林里，梦之鸟已被信息猎人驱逐，它们的巢窠荡然无存。当今社会的过度活跃不能容忍无聊，因此我们绝不可能达到某种深度的精神放松状态。信息社会开启了一个精神高度紧绷的时代，因为惊奇带来的刺激乃是信息的本质。信息海啸持续不断地刺激着我们的感知器官，导致其无法切换到沉思模式。信息海啸导致注意力的碎片化，阻碍了对讲述和倾听起决定作用的沉思性的驻留。

数字化启动了一个本雅明当时无法预见的过程。本雅明将信息与新闻业联系起来，它是继讲述和小说之后的又一传播形式。但在数字化进程中，信息达到了一种完全不同的状态。真实（Wirklichkeit）本身以信息和数据呈现。当真实被信息化和数据化之后，我们对真实的感受成了信息本身，或说信息成了我们感知真实的主要方式。然而信息是一种表象，或说是一种再现。真实被信息化，导致在场的直接经验逐渐枯萎。数字化与信息化不分彼此，真实就这样被严重稀释了。

本雅明身后的一个世纪，信息正发展成一种新的存在形式，即一种新的统治形式。在新自由主义的背景下，一种信息统治（Informationsregime）逐渐形成。它不是压制性的，而是诱惑性的；它不通过指令和禁令发挥效用，也不强迫我们沉默，而是采取了一种精明的方式。这种精明的统治不断地要求我们分享自己的观念、需求和偏好，讲述我们的生活，分享、发帖和点赞。如此这般，自由并没有被压制，而是被剥削殆尽。它转变为控制与操纵。精明的统治十分高效，因为它不必现身，只需隐藏在自由和交际的外表之下便能应对自如。我们在发帖、分享和点赞之时，已经屈从于这种统治关系。

当下，我们陷入对信息和交际的痴迷，彻底被其裹挟。

我们已不再是交际的主人，加速的信息交换超出了我们的意识控制。交际越来越多地由外部控制。它似乎服从于一个由算法操纵的自动化机械过程，可我们对此却不自知，任由算法黑匣子摆布。人退化成了可被操控和利用的数据记录。

在信息制度当道的时代，格奥尔格·毕希纳的话依然有现实意义："我们就是被未知力量操控的提线木偶，一丝一毫都不是我们自己！"只不过，这"力量"变得更加微妙和隐蔽，以至于我们对它的存在浑然不觉，甚至将其与自由混为一谈。查理·考夫曼的木偶动画电影《失常》(*Anomalisa*)诠释了精明统治的逻辑。影片讲述的是一个所有人的长相和说话声音都相同的世界，再现了一座新自由主义的同者地狱。在这个地狱里，人们呼唤本真性的同时却又渴望创造性。主人公迈克尔·斯通是一位励志演说家。有一天，他突然意识到自己是个木偶。嘴巴从他的脸上掉了下来，他拿在手里，惊慌失措，因为掉落的嘴还在咿咿呀呀地说话。

经验之贫乏

Erfahrungsarmut

本雅明在《经验与贫乏》的开篇讲了这样一个寓言：一个老人在临终前告诉他的儿子们，他的葡萄园里埋有财宝。于是，儿子们在葡萄园里日复一日地挖，但始终没有找到任何财宝。直到秋天来到，他们才明白，父亲传给他们的是经验：幸福不在于钱财，勤奋才是根本，因为葡萄园结出的果实是独一无二的。代代相传是经验的典型特征。本雅明对现代以来经验的丧失表示叹惋："经验都去哪儿了？有谁见过真正会讲故事的人？有谁从临终者嘴里听过可以像戒指一样代代相传的话？有谁还会在必要时求助于谚语？"[15]这个社会越来越缺乏口耳相传的经验。没有什么可以再流传和讲述。

本雅明认为，讲述者是个"向听众提出忠告"[16]的人。

此忠告并非解决某个问题的简单答案，而是对一个故事如何继续演绎提出的建议。寻求忠告和提供忠告的人同属于一个讲述共同体。要寻求忠告，也必须会讲故事。人在作为叙事关系的真实生活里寻求和提出忠告。忠告"被编织进真实生活里"[17]，形成智慧。智慧蕴含在作为讲述的生命里。如果生命不再可讲述，智慧便也随之颓败。取而代之的是解决问题的技术。智慧是叙事性的真理："讲述的艺术行将消亡，因为真理的叙事一面，即智慧，正在死去。"[18]

经验以传统和延续性为前提，它使生命可讲述，令其稳固。一旦经验衰颓，约束力或恒定性不复存在，便只剩赤裸的生命和生存。本雅明对匮乏经验的现代抱持明确的怀疑态度："显而易见，经验贬值了。……当年坐马车上学的一代人面对着自由天空下的风景，除了白云依旧，一切都变了。在白云之下，在毁灭和爆炸的洪流力场（Kraftfeld zerstörender Ströme）中，是渺小脆弱的人的身影。"[19]

尽管内心存有疑虑，但本雅明一再表现出对现代的故作乐观。他的论调常常突然从哀伤转为欣快。他还认为，人能从经验的消亡中发现一种"新型的美"。在他看来，虽然经验的贫乏体现了一种新的"野蛮状态"，但可以从中探明某种肯定性的东西：“野蛮状态？没错。我们这样说，是为了引入一个全新的、肯定意义上的野蛮概念。经验的贫乏会把野蛮人引向何方？”[20]

经验创造了一种历史的延续性。全新的野蛮人将自己从蕴含经验的传统语境中解放出来。经验的贫乏“迫使他从头开始，让他有个全新的开始”。他满怀对新事物的激情，将一切清盘归零。他认为自己不是讲述者，而是“建构者”。本雅明将这种新的野蛮状态归结为对待新事物的原则：“笛卡尔就是这样一位建构者，他的全部哲学只基于一个确定前提，即‘我思故我在’，这便是他的出发点。”[21]

新的野蛮人将经验的贫乏视为解放：“经验的贫乏，这并不意味着人们渴望新的经验。相反，他们希望从经验中解放出来，他们在吁求一种社会环境，在这环境中他们能够通过对其贫乏，既包括外在的贫乏也包括内在的贫乏，纯粹明决地加以利用，以便从中产生出真正的体面之物（etwas Anständiges）。”[22] 本雅明列举了多位现代艺术家和作家，他们对经验的贫乏不抱任何幻想，备感振奋地“从头开始”。他们义无反顾地告别了陈腐过时的资产阶级，“转向了同新生儿一样正躺在肮脏的当代尿布上啼哭的、赤裸的当代人"。他们信奉透明（Transparenz）和全无秘密，亦即没有光晕。他们还反对传统的人本主义。本雅明指出，他们喜欢给孩子起一些"非人化"的名字，比如 Peka、Labu，或者按照某家航空公司的名字起名叫 Awiachim。在本雅明看来，保罗·舍尔巴特[1]的玻璃房子象征着未来人类的生活："玻璃这种材料坚硬、光滑，任何物品都无法附着其上。玻璃还冰冷、清醒。玻璃制品毫无'光晕'。玻璃根本就是秘密的死敌。"

　　本雅明将米老鼠也归入新野蛮人的行列。"疲倦之后，睡眠接踵而至。睡眠中不乏这样的情形：白天的悲伤和怯懦在梦中得以弥补，梦展现着我们在清醒状态中力所不及的简单而宏大的此在。米老鼠的此在正是当代人的梦。"[23] 本雅明赞赏米老鼠的此在所具有的轻松自如。他将米老鼠抬举为一个救赎形象，因为它为世界重新施魅："对于厌倦了日常生活的无尽繁杂的人，对于生活目标已退至无限远景、行将消失的人，米老鼠展现了一种救赎性的此在。……在这里，一辆汽车并不比一顶草帽更重，树上的果实可以像热气球的

1　保罗·舍尔巴特（Paul Scheerbart, 1863—1915），德国诗人、小说家、画家。

吊篮一样迅速变圆。"[24]

本雅明的《经验与贫乏》充满了矛盾。在文章最后，他放弃了对现代的热情辩白，再度回归冷静清醒，这表明本雅明对现代根本就不信任。他预感到了二战的逼近："我们已经变得贫乏。人类遗产已被我们一件件地丢掉了，我们常常只以其百分之一的价格将它抵押给当铺，仅为换取'当下'这枚小铜板。经济危机已经迫近，紧随其后的是战争。"[25]

现代毕竟是有愿景的。玻璃是保罗·舍尔巴特幻想式作品的真正主角，它将充当未来的媒介，把人类文化提升到更高的水平。在《玻璃建筑学》（*Glasarchitektur*）中，舍尔巴特想象过处处皆是玻璃建筑的世界将会呈现出的美。玻璃建筑将完全改变世界的模样，"犹如给它换上了钻石和珐琅制成的衣裳"。那时，我们将在地球上拥有"比《一千零一夜》里的花园更美的地方"[26]。人在一个四处悬浮着明亮多彩的玻璃建筑的世界里会更加幸福。舍尔巴特的愿景是美和人类的福祉。它赋予玻璃这一未来媒介以独特的光晕。真正的未来叙事会散发光晕，因为未来是远方的显现。

现代的推动力来自对进步的信念、对推陈出新和从头开始的强调，以及革命精神。《共产党宣言》也是一种坚决离弃传统秩序的未来叙事。其中谈到"暴力推翻全部现存的社会制度"，是一个关于未来社会的宏大叙事。用布莱希特的话说，现代蕴含了一种显著的"新手上路之感"。在一切清盘归零后，它在"白板"上"玩耍"[27]。

与具有未来叙事和进步叙事、渴求别样生活方式的现代相比，现代晚期失去了奔向新事物或从头开始的革命激情，它没有任何重新启程的气氛。因此，现代晚期衰退为"一如既往"和"别无选择"，它完全失去了讲述之勇气，完全失去了改变世界的叙事之勇气。故事化从根本上意味着商业和消费。它的本质是故事营销，并不具备改变社会的力量。疲惫不堪的现代晚期不知何为"新手上路之感"，不知为何要强调"从头开始"。我们什么也不"信奉"；我们不断妥协退让；我们沉溺于不需要叙事的便利或点赞。现代晚期毫无渴求、愿景和远方。因此，它是全然无光晕的，而自然也就没有未来。

如今，信息海啸将我们推进了一场信息狂流，从而加剧了叙事的危机。信息将时间肢解。时间被压缩为一条狭窄的现时轨距（Schmalspur des Aktuellen），失去了其本身的宽度与深度。对更新的强迫性追求破坏了生活的稳定性。过去不再影响现在。未来收缩成了现时的持续更新。我们的存在因此失去了历史（Geschichte），因为讲述就是一段历史。我们失去了经验，它是时间的凝结；我们也失去了未来叙事，它是时间的溢出。生命从一个当下到下一个当下，从一个危机到下一个危机，从一个问题到下一个问题，生命衰退成生存。生命远不止解决问题。只会解决问题的人没有未来。唯有讲述让我们有所希望，从而开启未来。

讲述的生命

Das erzählte Leben

在《拱廊计划》中，本雅明指出："只有在我们每天呼吸的空气里，以及与我们共同生活的人中间，我们才能对幸福有所想象。换言之，对幸福的想象……带有救赎的观念。……我们的生活可以说是强健的肌肉，足以让整个历史时间收缩。换句话说，真正的历史时间概念完全建立在救赎意象之上。"[28] 幸福不是一个事件点，它有一条能追溯过去的长尾。一切过往滋养着幸福。它的表现形式不是光芒，而是余晖。我们的幸福源自对过去的拯救。拯救过去需要一种叙事张力，将过去置入当下，让它对当下继续产生影响。因此，幸福里带有救赎。当一切将我们推入现时性狂流（Aktualitätstaumel），也就是说，当我们身处偶然性风暴中，我们是不可能拥有幸福的。

如果像马塞尔·普鲁斯特那样，把人想象成某种蹲坐在过去上的时间生命体，而那过去"犹如不断增高，有时甚至高过钟楼的活高跷"[29]，那么生命作为肌肉就需要拥有巨大的力量。"追寻逝去时光"的结果并不是一场胜利："我想我脚下的高跷恐怕也已经有那么高了，我似乎觉得自己已经没有力气把拉得那么远的过去继续久久地联结在自己身上。"[1][30]普鲁斯特把拯救过去当作讲述者的任务："如果这份力气还让我有足够多的时间完成我的作品，那么，至少我误不了在作品中首先要描绘那些人（哪怕把他们写得像怪物），写出他们占有那么巨大的地盘，相比之下，在空间中为他们保留的位置是那么狭隘，相反，他们却占有一个无限度延续的位置……那就是在时间之中。"[2][31]

在现代，生命罹患肌肉萎缩，受到时间崩解的威胁。普鲁斯特试图通过他的"追寻"来对抗时间的萎缩，即时间如肌肉萎缩一般逐渐衰减。《重现的时光》发表于1927年，同年，海德格尔的《存在与时间》出版。从海德格尔的著

---

1 译文引自普鲁斯特：《追忆似水年华 VII：重现的时光》，徐和瑾、周国强译，南京，译林出版社，2012年，第339页。

2 同上书，第340页。

述来看，他也坚决批判时间的萎缩，它破坏了生命的稳定，使生命变得支离破碎。发生在现代的生命之破碎和萎缩与"整体生存的延展"[32] 相对立，在这种延展中，"此在（人在存在论上的指称）作为命运始终把生与死及其'之间'都'合并'在其生存中"[1][33]。人的生存不是从这一刻到下一刻，人不是"瞬间"的产物，其生存涵括了从生到死的整个时间跨度。由于缺乏外在指引，由于存在之中缺乏叙事的锚定，必须从自身产生力量才能将生死之间的时间距离压缩成一个有生命的统一体，渗透并涵括一切事件与事故。自身的连续性确保存在的连续性。"自身的持立状态"（Ständigkeit des Selbst）形成时间的中轴，以保护我们免受时间破碎的侵害。

　　《存在与时间》并非如海德格尔所称，是对人类存在的无时间性分析，它其实是现代时间危机的写照。《存在与时间》中的关键概念"畏"，也属于失去在世支点的现代人的病症。就连死亡都被创造意义的救赎叙事排除在外。死亡沦为"我"必须独自承受的"我的"死亡。由于死亡永久

1　译文引自海德格尔：《存在与时间》，陈嘉映、王庆节译，北京，商务印书馆，2020 年，第 529 页。

地终结了我的自身，此在面对死亡时就会收缩到其本身。在死亡的持续临在中，对自身的强调苏醒了。做出自我决断的此在，其生存论上的痉挛产生张力，即肌肉力量，使此在免受时间萎缩的威胁，并协助它实现时间的连续性。

海德格尔的"自身-存在"先于事后产生的叙事性生命联系（Lebenszusammenhang）。在向自己讲述一个连贯的现世故事之前，此在会对其自身进行确认。自身并非借助有关联的现世事件建构而成。只有自我渗透的前叙事性"整体生存之延展"才能促成"本真的历史性"（eigentliche Geschichtlichkeit）。面对时间的萎缩，人们寻求一种存在的时间构架——一种"原始的、未失落的、无需联系的整体生存之延展"[1][34]。它必须确保此在作为前叙事统一体不被瓦解为"种种相继来临而后逝去的体验的瞬间现实（Momentanwirklichkeiten）"[35]。"溺乐、拈轻避重这些自行提供出来的近便的可能性形形色色、无穷无尽"，而存在的时间构架要将此在从这无穷的形形色色中剥离出来，并将其锚定在"其命运的单纯性"[2][36]。拥有命运意味着自行承担

---

1 译文参照海德格尔：《存在与时间》，陈嘉映、王庆节译，第529页。

2 译文引自上书，第521页。

其自身。听由"瞬间现实"摆布的人，没有命运，没有"本真的历史性"。

数字化加剧了时间的萎缩。真实溶解为实效范围极窄的信息。信息依赖于惊奇提供的刺激，因此导致时间的碎片化。注意力也被打散，因为信息不允许驻留的存在。在信息的加速交流中，信息之间相互追逐。照片分享应用 Snapchat 充分体现了数字化即时交流。发信人以最朴素的形式表达了数字的时间性——只统计瞬间。快照会在短时间内消失，它是"瞬间现实"的同义词。真实本身遭到瓦解，成为快照，致使我们脱离了稳定的时间锚定（temporale Verankerung）。Instagram、Facebook 等数字平台上的"故事"（Storys）也不是真正意义上的叙事。它们没有叙事长度，只是瞬间摄影的串联，什么都没有讲述。事实上，它们只不过是转瞬即逝的视觉信息，留不下任何痕迹。Instagram 的一条推广语是："用有趣、随意的故事分享你的日常瞬间；一切仅 24 小时内可见。"时间限制能产生特殊的心理效应，它会唤起无常之感，从而催生一种想要更多交际的微妙冲动。

自拍也是瞬间摄影，它只关乎拍摄的那个瞬间。自拍照是转瞬即逝的视觉信息，会在被知悉后的短时间内永久地消失，这与充当回忆媒介的模拟照片截然不同。自拍照不是为了留下回忆，而是服务于交际。归根结底，它预示了承载着命运和历史的人行将走到尽头。

"手机智人"（Phono sapiens）沉醉于"种种相继来临而后逝去的体验的瞬间现实"。他不知何谓"整体生存的延展"，这种延展涵括了从生到死的生命跨度，并赋予它强调自身的职责。手机智人的存在不是历史性的。葬礼自拍反映出死亡的缺席。人们在棺材旁对着镜头开心地假笑，连死亡都能被"点赞"。显然，手机智人已把需要救赎的智人（Homo sapiens）抛在了身后。

数字平台，如 Twitter、Facebook、Instagram、Tiktok、Snapchat 等，不是叙事媒介，而是信息媒介，它们位于讲述的零点。数字平台不进行讲述，只进行叠加。串联起来的信息不会累积成讲述。关于"如何在脸书个人主页中创建或编辑生活事件"的问题，答案是："点击'信息'，然后点击左侧菜单中的'生活事件'。"生活事件仅仅被当作信息来对待。它们无法编织出有一定长度的讲述，而只是被联结在一起，没有任何叙事性的语境。在数字平台上，从来没有对事件的叙事性合成，对现实生活进行反思性的叙事演绎及凝聚既不可能，也无必要。仅从技术配置层面来说，数字平台就不允许进行耗费时间的叙事实践。

不同于数据库，人的记忆具有选择性，它是叙事性的，而数字存储器只做加法，是累积性的。对事件进行选择并使其建立联系乃讲述的基础，讲述必做选择。叙事的轨道很狭窄，只能容纳筛选过的事件。讲述或回忆的生命必然充满裂隙。与此相反，数字平台则想要对生命进行完整的记录。讲述得越少，累积的数据和信息便越多。对数字平台来说，数据比讲述更有价值，叙事性的反思是多余的。如果数字平台接纳讲述模式，则该模式的设计必须符合数据库模式，以便尽可能多地生成数据。这样一来，讲述模式不可避免地采用加法，"故事"（Storys）成了信息的载体，从而消灭了真正意义上的讲述。数字平台的技术设置意味着对生命的全记录。其目的是将生命转化为数据。收集到的关于一个人的数据越多，就越容易对其进行监视、控制和经济利用。认为自己只是在玩手机的手机智人，实际上在被全面利用和控制。扮作游乐场的智能手机，实为一座数字化全景监狱。

自传体讲述的先决条件，是要对所经历之事进行事后的反思，属于一种有意识的记忆活动。然而，数据和信息的产生绕过了意识。在我们对数据和信息进行分析、解释以及通过反思对其加以筛选之前，它会直接描绘我们的活动。数据中的意识含量越低，数据质量就越好。这种数据可以让我们进入那些不被意识知晓的领域；它们容许数字平台对人进行透彻检查，并在前反思层面操控人的行为。

瓦尔特·本雅明认为，摄像机通过慢镜头、快动作、特写等技术手段，能够从我们的运动中发现"视觉潜意识"[37]的存在，就像通过精神分析获知本能潜意识一样。数据挖掘（Data-Mining）和电影摄像机具有可比性。数据挖掘作为数字化放大镜，在由意识编织的空间背后开辟了一个潜意识编织的空间，我们可以称之为数字化潜意识。借此，人工智能便可获取我们并不自知的愿望和偏好。于是，数据驱动性精神政治学就能够在前意识的层面管控我们的行为。[38]

通过所谓的自我跟踪（Self-Tracking），计数（Zählen）彻底取代了讲述（Erzählen）。计数只产生数据。"量化自我"（Quantified Self）的座右铭是"通过数字认识自我"。其信奉者试图通过计数和数字来实现自我认识，而不是通过讲述、回忆和反思。为此，身体被装上各种传感器，自动生成有关心率、血压、体温、运动和睡眠状况的数据。心理状态和情绪状况会被有规律地记录下来。一切日常活动也都会有详细记录。甚至长出第一根白发的日子也会被记下。没有什么能逃脱生命的全记录。然而，一切都只是测量，没有任何讲述。

传感器和应用程序会从语言表达和叙事性反思的角度自动提供数据，然后将收集到的数据汇总成漂亮的图表。但是，它们不会讲述"我是谁"。自我不是数量，而是质量。"通过数字认识自我"是一种妄想。唯有讲述能帮助我们实现自我认知：我必须讲述。数字却什么都无法讲述。"数字叙事"这个表达是一种矛盾修辞。生命不能用可量化的事件来讲述。

剧集《黑镜》第一季第三集《你的全部历史》（德译《透明的我》）描述了一个透明社会，每个人的耳后都被植入了记忆芯片，可以完整地存储这个人所看到和经历过的一切。这意味着，一个人的经历与感知可以在眼睛或外部显示器上完整再现。例如，在机场进行安检时，乘客会被要求展示某段特定时间内发生的事件。世界再无秘密。犯罪分子不可能隐瞒自己的行为。人就像被困在了自己的记忆中。严格说来，如果一切经历都可以毫无保留地反复重演，那么回忆便不复存在了。

回忆不是对经历的机械重复，而是一种必须一再重演的叙事。回忆必然充满裂隙，因为它以远方和近端为前提。如果一切过往经历都丧失间隔，存活于当下，也就是说当它们变得可支配，回忆就消失了。将经历完整再现不是讲述，而是报告或记录。想要讲述或回忆，必须把许多事情遗忘或放过。透明社会预示着讲述和记忆的终结。没有讲述即为透明。只有信息和数据才透明。在《你的全部历史》最后一幕，主人公用剃须刀割掉了他的记忆芯片。

赤裸的生命

Das nackte Leben

在萨特的小说《恶心》中，主人公安托万·罗冈丹某天被一种难以忍受的恶心缠住了："于是恶心攫住了我，我跌坐在长椅上，甚至不知身在何处。我看到颜色在我周围慢慢旋转，我想呕吐。就这样，从此恶心不再离开我，它牢牢地抓住我。"[1][39] 在他看来，恶心俨然成了"物的特性"。罗冈丹捡起一颗石子，感到"手中有一种恶心"。整个世界都是恶心的："恶心并不在我身上，我感到它在墙上，在背带上，在我四周。它与咖啡馆合而为一。我在恶心之中。"[40]

罗冈丹渐渐意识到，引起恶心的不过是事物的纯粹存在，即纯粹的实事性（schiere Faktizität）、世界的偶然性。

---

1 译文引自萨特：《恶心》，见《萨特文集》，第 1 卷，桂裕芳译，北京，人民文学出版社，2019 年，第 27 页。

在他看来，一切能够去除事物的偶然性和无意义的意义关联都崩解了。他眼中的世界是赤裸的，被剥夺了一切意义。罗冈丹对于自身的存在也感受不到任何意义："我的出现纯属偶然，我像石头、植物、细菌一样存在。我的生命胡乱地向四面八方生长。有时它给我一些模糊的信号，有时我仅仅感到一种无足轻重的嗡嗡声。"[1][41] 毫无意义的嗡嗡作响叫人不堪忍受。没有音乐，没有音调，令人厌恶的虚空无处不在，几乎将罗冈丹吞噬。世界对他来说毫无意义，他也不理解这个世界。他能够驱使事物服从的"目的"和"为了"（Um-zu）不见了。然而，正是目的、功效和有用性（Dienlichkeit）让事物保持距离。现在，事物将其赤裸的存在强加给了罗冈丹，它们变得独立自主："物是没有生命的，不该触动人。我们使用物，将它们放回原处，在它们中间生活，它们是有用的，仅此而已。然而，它们居然触动我，真是无法容忍。我害怕接触它们，仿佛它们是有生命的野兽。"[2][42]

有一天，罗冈丹突然发觉，讲述才是让世界变得有意义的力量："现在我是这样想的：要使一件平庸无奇的事成为

---

[1] 译文引自萨特：《恶心》，见《萨特文集》，第1卷，桂裕芳译，第106页。

[2] 同上书，第17页。

奇遇，必须也只需讲述它。人们会上当的。一个人永远是讲故事者，他生活在自己的故事和别人的故事中，他通过故事来看他所遭遇的一切，而且他努力像他讲的那样去生活。然而必须做出选择：或生活，或讲述。" 1 [43] 只有讲述才能让生命超脱纯粹的实事性，让生命脱离赤裸状态。讲述赋予时间一个有意义的过程，让它有始有终。没有叙事，生命就只是在做加法："当你生活时，什么事也不会发生。环境在变化，人们进进出出，如此而已。从来不会有开始。日子一天接着一天，无缘无故地。这是一种没有止境的、单调乏味的加法。时不时地你会做部分小结，你说：我已经旅行三年了。我在布维尔已经住了三年了。但也不会有结尾……你又开始做加法：小时、天，星期一、星期二、星期三，四月、五月、六月，一九二四、一九二五、一九二六。" 2 [44]

　　现代的存在危机表现为叙事危机，其根源在于生活和讲述的分崩离析，即罗冈丹面临的选择——"或生活，或讲述"。讲述生活似乎不再可能。在前现代时期，生活安身于讲述之中。在叙事时间里，不仅有周一、周二、周三，还有

1　译文引自萨特：《恶心》，见《萨特文集》，第 1 卷，桂裕芳译，第 52 页。

2　同上书，第 52~53 页。

作为叙事节点（Erzählstationen）的复活节、圣灵降临节、圣诞节。即使工作日也具有叙事意义：周三是沃坦（Wotan）的日子，周四是多纳尔（Donar）的日子，等等。[1]

罗冈丹试图通过讲述来克服令人厌恶的存在之实事性，来克服这种赤裸生命。小说的结尾，罗冈丹决定不再做历史学者，而是从事写作。他希望通过写小说至少实现对过去的拯救："一本书。首先当然会是令人厌烦的、劳累的工作，它不会阻止我存在，也不会阻止我感觉我存在。但是，到了一定的时间，书将会写成，它将在我后面，它的些微光亮会照进我的过去。那时，通过它，我也许会回忆自己的生活而不感到厌恶。"[2][45]

对叙事形式的感知使人快乐。一切事物都会顺服于一种美好的秩序。一种得益于幻想的叙事性联结将实际上并不相关的事物和事件，甚至琐事、次要事物或可有可无的事物，组合在一起，形成能够打败纯粹实事性的故事。世界的划分是有韵律的，事物和事件并非孤立存在，他们是叙事的组成

1　沃坦和多纳尔是古代日耳曼神话中的战神和雷神。在日耳曼语言中，一周七天的命名皆与神相关。

2　译文引自萨特：《恶心》，见《萨特文集》，第 1 卷，桂裕芳译，第 216 页。

部分。彼得·汉德克在《试论点唱机》中写道："那么现在，在热带稀树草原上，他毫无目的地走在探索的道路上，在他的心里，突然开始了一种完全不同的节奏，不是交替变换的、跳跃式的，而是唯一的、匀称的，首先是一种节奏，它不再绕着圈子和绕过去，而是直截了当、一丝不苟、持续不断地切入本题（in medias res）：叙事的节奏。首先，他只是经历了所有那些他在途中先后遇到的事物，它们是叙事的组成部分。……'在铁丝网篱笆里蓟草在飘动。一个手拿塑料袋的老男人弯腰去捡草地上的蘑菇。一只狗拖着三条腿从旁边蹦过去，让人想起狍子。……萨拉戈萨开来的火车已经亮起了灯，乘客稀稀落落坐在里面……'"1 [46]

　　对叙事形式的感知使纯粹实事性遁形，这在汉德克看来是一种存在策略，它把让人生畏的"在世存在"转变为令人心安的"在家存在"，或迫使"零零散散、没有关联的东西"产生关联。被认为具有神圣性的叙事显示出自身存在的强迫性："这不再是有说服力的、给他带来温暖的图像力量，而是一种冷酷的强迫，一再毫无意义地撞向早已关闭

1　译文引自彼得·汉德克：《试论点唱机》，见《试论疲倦》，陈民译，上海，上海人民出版社，2016年，第88~89页。

的大门，清晰可见，从心里直涌上大脑。他问自己，难道那种首先让他觉得神圣的叙事是一种假象——一种对所有零零散散的、没有关联的东西的表现吗？"[47]

在现代晚期，生活变得尤其赤裸，毫无叙事想象力。信息无法通往讲述，事物因而支离破碎。创造意义的关联性让位于事件的无意义并列与叠加。没有任何叙事视域能带领我们超越纯粹的生活。我们不惜一切代价保持"健康"或进行"优化"的生命不过是生存。对健康和优化的狂热追求只会发生在一个赤裸的、无意义的世界。优化只关乎功能和效率。讲述是无法优化的，因为它具有一种内在价值。

在数字化现代晚期，我们通过不断地发帖、点赞和分享来掩盖生活的苍白赤裸与意义匮乏。嘈杂的交际与信息设法使生活不显露出令人害怕的虚空。今天的危机不是在生活和讲述之间做选择，而是在生活和发帖之间二选一。自拍成瘾也不能归因于自恋，内心空虚才是元凶。自我缺乏能为其提供一种稳定身份的意义来源。由于内心空虚，自我不断地生产自己。自拍照是自身空虚的复制。

在信息社会、透明社会中，赤裸蜕化为淫秽。但我们面对的不是被压抑、被禁止或被掩盖的刺激性淫秽，而是透明、信息和交际的冷酷性淫秽："这种淫秽不再有秘密，而且它可以在信息和交际中完全溶解。"[48] 信息本身即是色情的，因为它没有"包装"。包装意味着善于辞令、会讲故事，那是编织在事物周围的壳，是一层面纱。遮掩、含混是讲述的本质特征。色情作品直奔主题，因此空洞无物。相反，作为讲述的爱欲则对细枝末节娓娓道来。

世界之祛魅

Entzauberung der Welt

儿童文学作家保罗·马尔（Paul Maar）在一篇故事中讲述了一个不会讲故事的小男孩。[49] 苏珊娜在床上翻来覆去睡不着时会让哥哥康拉德给她讲故事，但总被哥哥不耐烦地拒绝。不过他们的父母非常喜欢讲故事，甚至可以说是痴迷于此。由于对谁先讲总难达成一致，于是他们做了一张登记表，以确保每人都能轮到。父亲罗兰德讲完故事，母亲便用铅笔在登记表上写一个 R。母亲奥利维娅讲完，父亲就写个 O。在 R 和 O 之间偶尔会有一个小号的 S，因为苏珊娜也渐渐对讲故事发生了兴趣。讲故事把他们紧密地联系在了一起，使这个家庭形成了一个讲述共同体，只有康拉德置身事外。

周六日的早餐时间是一家人尤其喜欢讲故事的时候。讲故事需要闲情逸致,在加速交际的时代,我们没有时间和耐心讲故事,只能交流信息。在有闲情逸致的地方,一切都可以成为讲故事的契机。比如,父亲对母亲说:"奥利维娅,请把草莓果酱递给我好吗?"父亲一拿到果酱瓶顿时陷入沉思,他看着瓶子说:"这让我想起了我的爷爷。有一次,大概是我八九岁的时候,爷爷在午餐时要草莓果酱。注意,是午餐。起初我们以为自己听错了,因为我们吃的是醋焖牛肉配宽面,和往常一样,在9月2号……"父亲用"这让我想起了……"和"有一次……"来开启一段讲述。讲述与回忆互为前提。醉心于点状当下的人无法讲故事。

草莓果酱和醋焖牛肉的极度不搭拉紧了叙事弧,召唤出一个人的整个人生故事,召唤出其人生历程中的戏剧性或悲剧性。父亲沉思的目光所透露出的深刻内在性滋养着故事般的记忆。后叙事时代是一个没有内在性的时代。信息把一切向外翻转。我们失去了讲述者的内在性,取而代之的是信息猎人的警觉。

父亲看到草莓果酱时对祖父的回忆,就像普鲁斯特的无意识记忆(mémoire involontaire)。当普鲁斯特在巴尔贝克海滨的酒店房间里弯下腰解鞋带时,他的眼前突然出现已故祖母的形象。对心爱祖母的痛苦追忆让普鲁斯特泪水盈眶，同时也带给他片刻的幸福。在无意识记忆中，两个独立的时刻联结起来，凝结成了散发芬芳的时间晶体。折磨人的时间之偶然性借此得以克服，使人获得快慰。通过在事件之间建立牢固的联系，讲述打败了空洞的时间流逝。叙述时间（Erzählzeit）不会流逝。丧失叙事能力必然导致偶然性经验被强化，从而使我们陷入短暂和偶然。记忆中祖母的面容被认为是她的真实形象。真实安身于作为讲述的回忆中，我们后来才会发现它。

时间越来越趋向原子化。但讲述意味着建立联系。以普鲁斯特的方式讲故事的人沉潜到生命之中，在事件之间纺出新的线，进而编出一个密集的关系网，没有任何事物孤立存在，一切皆显现出意义。正因为叙事的作用，我们才得以逃脱生命的偶然性。

康拉德之所以无法讲故事，是因为他的世界由事实构成。他只会列举，不会讲述。当母亲让他讲讲昨天的情况，他回答说："昨天我在学校。我们先学了数学，然后是德语，然后是生物，再然后有两个小时的体育运动。之后我回到家写作业。后来我用了一会儿电脑，然后就睡觉了。"他的生活全部由外部事件确定。这样的生活毫无内在性，无法将事件内化，无法创造事件之间的相互联结并使其凝聚成一段叙事。

康拉德的妹妹尝试帮忙，于是给出建议："我讲故事总是这样开头：从前有一只老鼠。"康拉德立即打断她："鼩鼱、家鼠，还是田鼠？"并继续说："老鼠属于啮齿目动物。它分两类，一类是真正的老鼠，一类是田鼠。"康拉德的世界完全丧失了魅力。它崩解为事实，尽失叙事张力。可以解释的世界是无法讲述的。

父母终于确定，康拉德没有讲故事的能力，于是决定把儿子送到教过他们如何讲故事的穆泽小姐那里。在一个雨天，康拉德去了穆泽小姐家，一位头发花白、眉毛依然浓黑的老妇人在门口高兴地迎接他："啊哈，你父母把你送到我这里来学讲故事了。"房子从外面看起来很小，但里面有一条长到不见尽头的走廊。穆泽小姐把一个小包塞进康拉德的手里，让他拿上楼交给她的妹妹。康拉德顺着穆泽小姐指的窄楼梯上楼，但楼梯似乎在无止境地延长，他惊讶地问："这怎么可能？我之前从外面看这房子只有一层，可我们现在至少在七层。"然而，康拉德发现周围一个人都没有。突然，他身旁的墙上一道低矮的门打开了，一个沙哑的声音说道："你总算来了。别废话，进来吧！"一切对康拉德来说都像被施了魔法。就连语言也变得陌生而神秘，它因此而有了某种魔力和魅力。康拉德向门里探头，在黑暗中看到一个像猫头鹰的身影。这把他吓坏了，他惊慌地问："您……您是谁？""用不着假客气。你要让我等成冰棍儿吗？""猫头鹰"凶巴巴地回道。康拉德弯腰进了门。"马上就要往下吹啦！长鼻子旅行！"那声音发出一阵窃笑。与此同时，康拉德注意到那黑暗的房间里没有地板。他坠入一根管道，飞速下落。他试图抓住管壁，但徒劳无功。他觉得自己仿佛被一只巨型动物吞到了肚子里。最后他被吐了出来，就落在穆泽小姐脚边。她生气地问："你把东西放哪儿了？"康拉德答道："我一定是在路上把它弄丢了。"穆泽小姐把手伸进黑裙的口袋里，又拿出一个小包。康拉德可以保证，这就是她之前给自己的那包东西。"给，"穆泽小姐没好气儿地说，"请把这个拿下去给我弟弟。""去地下室？"康拉德问。"瞎说，"穆泽小姐道，"他在一楼。我们在七楼，这你是知道的！现在就去！"康拉德小心翼翼地下楼，那狭窄的楼梯似乎又在无止境地变长。百级台阶之后，他来到一条昏暗的走廊。他迟疑地大声发问："有人吗？"没人回答。康拉德试着说："您好，穆泽先生！您能听到我说话吗？"这时他旁边的门开了，一个嘶哑的声音说道："我当然可以向你担保。我又不是灰尘！快进来！"黑暗的房间里坐着一个貌似河狸的人正在抽烟，问道："你还在等什么？快进来啊！"康拉德犹疑地进了屋。他再一次坠入了房子的黑暗深处，随后又被吐到了穆泽小姐脚边。她深吸了口烟，说道："我就知道，你又没把东西送到。""确实没有，"康拉德勇敢地说，"可我来这儿不是为了传送东西，我是来学讲故事的。""我该怎么教一个连小包裹都拿不上楼的孩子讲故事呢！你学不会的，还是回家吧。"穆泽小姐的语气十分坚定。她打开了康拉德身边的门："好自为之，一切顺利。"说着就把他推了下去。康拉德再一次坠入那无尽蜿蜒曲折的房子里。不过这次他没有落在穆泽小姐面前，而是直接回到了自己家门口。康拉德立刻冲进家，对着还在吃早餐的父母和妹妹激动地说："你们根本无法想象我经历了什么，我必须讲给你们听……"对康拉德来说，世界不再是无法讲述的。它不是由客观事实而是由无法解释的事件构成，因此才需要讲述。康拉德转向了叙事，这使他成了讲述共同体的一员。父亲和母亲心照不宣地相视一笑。"就是这样！"母亲说罢，便在登记表上写下一个大大的 K。

保罗·马尔的故事读来很像一篇微妙的社会批评，似乎在指责我们已经遗忘了如何讲故事。讲述能力的荒疏归咎于世界之祛魅。用公式说明即：事物始终存在，但它们变得寂静无声。魅力从事物身上逃逸了。存在的纯粹实事性使讲述难以成立。实事性和叙事性是互斥的。

世界之祛魅首先意味着，世界关系被还原为因果关系。然而，因果关系只是关系的可能形式之一。关系的绝对化导致世界和经验的贫乏。世界是否有魅力，取决于事物能否在因果关联之外形成各种内在联系，以及它们能否交换秘密。因果关系是机械的、外在的。有魔力的或诗意的世界关系意味着，人与物由一种深刻的共情联系在一起。在《塞斯的弟子们》中，诺瓦利斯是这样描述的："山岩在我与之搭话时不是变成了一个特殊的你吗？当我伤感地俯视着激流的波浪，我的思想消融于它的水流里时，我岂不也变成了激流吗？……是否有人理解山岩和星辰，这我不知道，但可以肯定，如果有，这个人想必是一个超然的生命。"[1][50]

在瓦尔特·本雅明看来，孩子是魔幻世界的最后居民。孩子的世界里没有纯粹的存在，一切都耐人寻味、寓意深刻。一种神秘的亲密性将他们与世界联结起来。他们把自己变成物，以游戏的方式同事物建立紧密联系："当这个孩子躲在帘子后面，他就变成了某种飘动之物、某种白色物体，那是个幽灵；他蹲着躲在餐桌下面，那餐桌就把他变成了神庙里的木制神像，雕刻了图案的桌腿便是支撑起神庙的四根立柱；躲在门后，他自己便成了一扇门，将门当作沉重的面具戴在脸上，以一个超凡巫师的姿态对所有毫无戒备跨入门槛的人施法术。……在这场游戏中，整个居室都是他的面具武器库。每年都会有礼物藏在神秘的地方，藏在这些面具空洞的眼窝和僵硬的嘴巴里。那时，他的神秘经验就会变成知识。他像个工程师一样，在父母昏暗的房间里祛除魔咒，寻找着那些复活节彩蛋。"[51] 如今，孩子被世俗化，成了数字生物。世界的神秘经验在渐渐消失。孩子寻求信息，那就是他们的数字复活节彩蛋。

1　译文引自诺瓦利斯：《大革命与诗化小说》，林克等译，北京，华夏出版社，2008年，第22~23页。

　　世界之祛魅表现为去光晕化。光晕是使世界超越其纯粹实事性的光芒，是环绕着事物的神秘面纱。光晕有一个叙事核心。对此，本雅明指出，无意识记忆中的叙事性记忆图像散发出光晕，而照片是没有光晕的："如果说从无意识记忆中出现的图像，其显著特征在于它的光晕，那么摄影则明确无疑地体现了'光晕消失'。"[52]

　　照片与记忆图像的区别在于缺乏叙事的内在性。照片呈现的是给定的东西，它们没有被内化，所以毫无意义。相反，记忆作为叙事并不体现时空的连续性，而是以一种叙事选择为基础。与摄影相比，记忆具有明显的任意性，且充满裂隙。它会拉开或缩短时间距离，它可能跳过几年或几十年。[53] 叙事性与按时间顺序排列的实事性背道而驰。

　　受马塞尔·普鲁斯特的启发[54]，本雅明认为物会保留住投向它的目光。因此，物自身就有了目光。目光在使物散发光辉的光晕面纱周围徘徊。光晕正是"在被看中产生的目光之远"[55]。凝视是目光的回返："被看的人，或感到自己被看的人，会同样地看回去。要感知所看对象的光晕，意味着赋予它回看的能力。这一经验与无意识记忆的材料是一致的。"[56] 当物失去目光，也就失去了魅力和光晕。于是，我们既不会被它看，也不会被它谈论。它不再是"你"
（Du），而是变成了缄默的"它"（Es）。这意味着，我们不
再与世界交换目光。

　　浸没在无意识记忆之流中的事物会变成散发芳香的容
器，所见所感皆被叙事性地浓缩在其中。即使一个名字也会
有光晕，它会扩展为一个回忆空间进行讲述："从前我们在
一本书里读到的某个名字，它的音节之间包含着我们读那本
书时刮过的阵风和灿烂的阳光。"[57]语词也会散发出光晕，
正如本雅明引自卡尔·克劳斯（Karl Kraus）的描述："人看
一个词时离得越近，这个词回看的距离就越远。"[58]

　　如今，信息成了我们感知世界的主要方式。但信息既无
远度，也无宽度；既无法承载"刮过的阵风"，也留不住
"灿烂的阳光"。信息没有给光晕留下任何空间，它是这个
世界失去光晕、丧失魅力的原因。语言一旦萎缩成信息，便
完全丧失了光晕。信息代表着语言的绝对萎缩阶段。

　　记忆是一种叙事实践，它不断地将事件重新连接，建立
关系网络。信息海啸摧毁了叙事的内在性。去叙事化的记忆
就像一间"旧货店"，或一个"存储器，堆满了各式各样
杂乱无章、保存不善的图像和陈旧的符号"[59]。旧货店里的

东西只是无序混乱的堆积。堆积是叙事的对立面。只有将事件以一定的方式分层摆放，它们才会凝聚成故事。数据群和信息群是没有故事的，它们只是在进行叠加，不具有任何叙事性。

故事有始有终，因而它与信息是对立的。故事是个闭合的形式，完整性是其典型特征："故事与信息之间存在本质区别。一方面，故事有其目标，即结尾、完整、封闭；另一方面，信息按其本质总是局部的、不完整的、碎片化的。"[60]一个完全消除了边界的世界没有魔力和魔法，因为施展魔法的正是边界、过渡和门槛。正如苏珊·桑塔格所说："要实现完整性、统一性和关联性，就必须要有边界。我们在这些边界内旅行时的一切事情都是有关联的。我们也可以把故事的结局形容为一个神奇的汇合点，汇聚各种变化不定的临时观点：一个固定位置，读者在这里可以看到最初互不相干的事物，最终如何彼此关联。"[61]

讲述是光与影、可见与不可见、近端与远方之间的游戏。这种辩证的张力乃讲述赖以存在的基础，却被透明毁掉了。马克斯·韦伯将科学带来的理性化视作世界祛魅的原因，然而当今世界的数字化祛魅已经远远超出了他的解释。

如今的祛魅源于世界的信息化。对祛魅的新定义叫作"透明"。它把世界变成了数据和信息，从而使其魅力尽失。

保罗·维利里奥（Paul Virilio）在一次采访中提到过一篇科幻短篇小说，讲的是一种微型摄影机的发明。这种摄影机小到、轻到连雪花都能携带它。它和人造雪混合在一起，被飞机投撒下来，结果人们都以为下雪了。实际上，世界被摄影机彻底污染，变得完全透明，不再有任何盲点。当被问道，如果一切都清晰可见我们还能梦想什么时，维利里奥是这样回答的："我们会梦想自己失明。"[62] 透明的讲述是不存在的。任何讲述都以神秘和魅力为前提。只有被渴望的失明才能将我们从透明的地狱中解救出来，使我们重拾讲故事的能力。

格肖姆·肖勒姆 [1] 在其关于犹太神秘主义的著作中讲了一个哈西德教派的故事作为结尾："如果巴尔·谢姆·托夫有困难的任务，比如做造福人类的事情，他就会去林中的某个地方，点燃一堆火，冥想，祈祷。然后他想做的事就能实现。一代人之后，当梅塞里茨的马吉德面临一个艰巨的任务

1　格肖姆·肖勒姆（Gershom Scholem，1897—1982），德裔以色列犹太历史学家，犹太神秘主义现代学术研究创始人，耶路撒冷希伯来大学教授，也是本雅明的好友。

时，他来到林中同一个地方说：'我们不再能点火，但我们仍能祈祷。'说完之后，他想做的事都实现了。又一代人之后，来自萨索夫的拉比摩西·列伯必须完成一桩伟大的任务，他也走进了森林，说道：'我们不再能点火，也不再知道引发祈祷的神秘冥想。但我们知道林中有个冥想的地方，这就足够了。'——没错，这确实足够了。又一代人过去，里津的伊斯雷尔拉比要完成一项伟大的任务时，他在家中坐在椅子上说：'我们不会点火，不会做规定的祈祷，也不知道林中那个冥想的地方，但我们会讲故事，可以讲述这一切是如何完成的。'——他讲的故事与前三位拉比的行动有同样效力。"[63] 阿多诺在《格肖姆·肖勒姆 70 岁生日致辞》中完整地引用了这个哈西德教派的故事。他将其视为一则反映不断加剧的现代世俗化进程的寓言故事。世界逐渐被祛魅。神话的火焰早已熄灭。我们不再会祈祷，也不再懂得如何秘密冥想。森林里的神话之地也被遗忘。如今又更退了一步：我们正在失去能让我们唤回神话般事件的讲述能力。

从震惊到点赞

Vom Schock zum Like

在《论波德莱尔的若干母题》中，本雅明引述了波德莱尔的散文《失去的光环》（"Verlust einer Aureole"）。散文讲述了一位诗人在穿过林荫道时丢失了他的光环："刚刚我匆忙地穿过林荫道，在这片躁动的混乱中，死亡从四面八方向我们疾驰而来，我只能艰难地移动，那光环从我头上滑落到泥泞的柏油路上。"[64] 这个故事被本雅明解读为现代性的寓言。它讲述了光晕的凋萎："波德莱尔说明了获得现代性感觉要付出的代价：光晕在震惊体验中支离破碎。"[65] 真实时断时续地纠缠观者，它从油画画布转移到了电影银幕上。画布邀观者驻足沉思，观者面对画布时会沉浸于自由的联想中，所以他们栖于自身。电影观众的情况正相反，他们像身处混乱交通中的行人，死亡从四面八方向他们疾驰而来："电影这种艺术形式与现代人所面临的日益加剧的生命威胁步调一致。"[66]

根据弗洛伊德的理论，意识的主要作用在于防御刺激。意识试图在其自身之中为侵入的刺激指定一个位置，代价则是牺牲意识的完整性。本雅明引用了弗洛伊德的论述："对于有机生命体来说，对刺激的防护是比接受刺激更为重要的任务。由于它自身就有能量储备，所以必须保护内部能量特殊的消耗方式，使其不受外部能量的影响。因为它们追求同样的目标且过于强烈，由此带来的影响几乎是毁灭性的。"[1][67] 这些来自外部的危险能量会在震惊中释放出来。意识的活动越有成效，我们感受到的震惊带来的创伤效应就越小。意识会阻止刺激侵入精神的更深层。当意识对刺激的防御失效时，我们就会遭受创伤性震惊。梦和回忆都是用来应对这种状况的现象，它们给自己时间来处理我们原本无法接受的刺激。一旦震惊被意识避开，引发震惊的事件就会被削弱为一种体验。在现代，震惊因素在具体印象中所占成分颇大，以至于意识必须持续保持警惕，积极地对刺激予以防

1　译文引自弗洛伊德：《自我与本我》，徐胤译，天津，天津人民出版社，2020年，第24页。

范。意识的这种变化越充分，那些印象进入经验的机会就越少。经验让位于体验，也就是说，经验被弱化的震惊取代。现代大城市人的眼睛过于紧张地承担着保护职能，已经忘记了如何驻足沉思："戒备的目光里没有对远方梦幻般的悲伤。"[68]

本雅明将震惊经验升格为波德莱尔的诗学原则："波德莱尔讲了一场决斗，其中那位艺术家在被击败前惊恐地尖叫起来。这场决斗就是创作过程本身。波德莱尔以此把震惊经验置于其艺术作品的中心。……波德莱尔自己遭受震惊，那么他也不免引起别人的震惊。瓦莱斯（Vallès）讲述了波德莱尔的怪相；……戈蒂耶（Gautier）说波德莱尔在诵诗时钟情于'疏排'的方式；纳达尔（Nadar）描绘了他时急时停的步态。"[69]在本雅明看来，波德莱尔属于"精神创伤的诸多类型"之一。他"用自己的精神和肉体力求躲避震惊"。他用笔"格斗"。

自本雅明的波德莱尔研究问世已过去百年。电影银幕被几乎全天候置于我们面前的数字屏幕所取代。"屏"（Schirm，又译"伞"）一词原意是保护。屏幕（Bildschirm）用图像捕捉真实，它通过这种方式将我们屏蔽在了真实之外。数字屏幕几乎成为我们感知真实的唯一渠道。真实不过是屏幕的一部分。在智能手机上，真实变得微乎其微，以至于其产生的印象不再有震惊的瞬间。震惊让位于点赞。

智能手机彻底剥夺了来自现实的目光，即宣告他者存在的目光，从而形成最有效的屏障，成功地将我们隔绝在真实之外。真实是有面容的对象，触屏导致了真实的消失。他性被铲除，他者就会变得可消费。拉康认为，图像仍然有目光，它凝视我、感动我、迷惑我、吸引我，它让我沉溺其中，将我的眼睛霸占："在图像中总是一定会展现出凝视的内容。"[70] 拉康区分了目光和眼睛。眼睛构建了一个想象中的镜像，而目光使之落空。

面容需要距离。它是一个"你"，而不是一个可用的"它"。我们之所以能用手指点击一个人的图像，甚至将其抹去，是因为它已经失去了目光，失去了面容。拉康会说，触屏中的图像是没有目光的，它只是满足我需求的悦目景色。因此，触屏与作为"屏幕"（écran）的镜像有本质不同，后者仍然会让目光渗透进来。数字屏幕则完全将我们与真实屏蔽开来，从而隔绝一切。它是浅薄的。

任何一种图像理论都是其所处社会的反映。在拉康的时代，世界仍然被体验为目光。海德格尔也有在我们今天看来很不可思议的表述。他在《艺术作品的本源》中写道："器具：斧、罐、鞋。有用性是一种基本特征，由于这种基本特征，这个存在者便凝视我们，亦即闪现于我们面前，并因而现身在场，从而成为这种存在者。"[1][71] 实际上，正是有用性抹杀了存在者的存在，因为我们感知事物是为了它的目的。海德格尔的"器具"仍然保留着目光的维度。它是一个凝视着我们的对方（Gegenüber）。

目光消失的同时，感知的自恋化日益加剧。自恋为了实现想象中的镜像而祛除了目光，即祛除了他者。智能手机加速了他者的消失。它是一面数字化镜子，展现了镜像阶段的后婴儿时期新版本。智能手机让我们停留在了镜像阶段，维护着想象中的自我。数字化对拉康关于实在界、想象界和象征界的三界论进行了彻底改造：实在界遭到瓦解，体现了共同价值和规范的象征界被消除，想象界取而代之。数字化终会导致共同体的消融。

在网飞时代，没有人会用电影来讨论震惊体验。网飞

1　译文参照海德格尔：《林中路》，孙周兴译，北京，商务印书馆，2015年，第14页。

剧集绝非和日益加剧的生命威胁相呼应的艺术形式。疯狂刷剧、狂看才是剧集消费的特征。观众就像消费家畜（Konsumvieh）一样被催肥。数字化现代晚期的典型感知模式完全可以用疯狂刷剧来概括。

从震惊到点赞的转变也可归因于我们精神机制的变化。在现代，我们可能确实将不断加剧的过度刺激感知为震惊。随着时间的推移，精神机制对刺激的适应性会越来越高，导致感知钝化。相当于充当防御刺激挡板的大脑皮质被覆盖上了硬皮。意识的外表层发生硬化，变成了"无机体"[72]。

像波德莱尔那样无意中唤起惊惧的艺术家，在今天看来不仅过时，而且显得荒唐可笑。杰夫·昆斯（Jeff Koons）是属于这个时代的艺术家，显得颇有"智慧"。他的作品表现了平滑的消费世界，它与震惊是全然对立的。对于观看他作品的人，他只需要他们发出一声简单的"哇哦"。他的艺术刻意让人放松、卸下武装，而且第一要务是讨人喜欢。所以他的座右铭才叫作"拥抱观众"。他的艺术中没有任何东西使观者受到触动或感到惊恐，他的艺术已将震惊置之身后。正如昆斯所说，艺术是"交流"。其实他也可以这样说：我的艺术信条是点赞。

理论即讲述

Theorie als Erzählung

《连线》杂志主编克里斯·安德森（Chris Anderson）在《理论的终结》（"The End of Theory"）中断言，数量大到难以想象的数据会使理论变得多余："像谷歌这样在大规模数据时代成长起来的企业，如今无须再去接受错误的模型。他们甚至根本不必依靠任何一种模型。"[73] 文章指出，数据驱动的心理学或社会学能够实现对人类行为的准确预判和操控。理论将被直接的数据对比取代："从语言学到社会学，关于人类行为的所有理论都已成为过去。你尽可以把分类学、本体论和心理学全都抛开。谁能说清，人为什么做这件事，又或者，人做什么事？人们就是做了，而我们可以用前所未有的精准度对其进行追踪和测定。只要数据足够多，数字就能自圆其说。"[74]

　　大数据实际上并不解释任何事物，它只揭示事物之间的相关关系（Korrelation），而相关关系是认知的最原始形态。在这个层级上，无法产生任何概念上的理解。大数据无法解释事物之间为何表现出这样的相关性；它也无法建立因果关系和概念关系。无法定义的"就是如此"（Es-ist-so）完全取代了"为什么"（Wieso）。

　　理论作为讲述，它构想出一种将事物联系起来的秩序，从而对事物的行为方式进行解释；它发展出能够使人理解事物的概念关联。不同于大数据，理论给予我们认知的最高形态，即理解（Begreifen）。理论是一种闭合形式，它将事物融合于一身，以便事物可被理解。大数据则是完全开放的。理论作为闭合形式将事物统摄于一套概念框架中，从而使其易于理解。概念（Begriff）即精神（Geist），理论的终结意味着精神终将退场。没有了概念，人工智能的工作丝毫不受影响，因为智能不是精神。只有精神才能创造新秩序、新叙事。智能只会计算和计数，精神则进行讲述。大数据驱动下的人文科学不是真正的人文科学，而是数据科学。数据驱除了精神。数据化认知相当于回到精神的原点。在一个数据和信息高度饱和的世界里，讲述能力枯萎了。因此，人们鲜少构建新理论，甚至都不敢冒险尝试。

西格蒙德·弗洛伊德就曾明确表达过，理论是一种讲述。他的精神分析学即为我们的精神机制提供解释模型的讲述。他把从病人那里听到的故事融入他的精神分析叙事中，使特定的行为和症状得以被理解。治疗基于病人对他提供的叙事予以认同。病人的个案与他的精神分析叙事发生相互作用。他不断地重述，并根据他试图解释的材料进行调整。病案会与他的叙事融为一体，形成他自己的独特讲述。在这个过程中，弗洛伊德以这个独特讲述的主人公形象出现："病人的讲述并非对事实的忠实还原，作为'变形'故事的重述者，他不仅仅是聚焦于不实材料，对其进行评估和排序。他本身也不会受到任何影响，因为即使面对所谓的挫败，他也不会丧失对其材料的绝对解释权。甚至可以假设，需解释的材料越有可能摆脱他的控制，他就越是执着于其精神分析解释公式的合理性，并在这一过程中表明他是他自己的分析叙事的主人公，且守口如瓶。"[75]

柏拉图的对话已经清楚表明，哲学是一种讲述。虽然柏拉图以真理的名义批判作为故事的神话，但矛盾的是，他自己反倒常常使用神话叙事。在某些对话中，神话发挥着核心作用。例如，柏拉图在《斐多篇》中讲述了死后灵魂的命运，与但丁的《神曲》如出一辙。罪人注定在地狱中遭受无尽折磨，只有道德高尚的人才能在死后进入天堂。在论述了死后灵魂的状况之后，柏拉图说要勇敢地坚持对此言说的信念："当然，一个能正常思考的人，绝不会把我说的话奉为真理。然而，灵魂既然不死，我们就可以坚信这个关于我们灵魂的命运与归宿的信念，而且敢于抱有这样一个信念是值得的。这种冒险的行为很美妙，我们应当像诵咒一样把这种信念诵给自己听。我就是为这个缘故才煞费苦心地讲述这个故事（Dichtung，希腊文 mythos）。"[76]

作为"故事"（mythos）的哲学是一种"冒险"，而且是"美妙"的冒险。它讲述了，或者说冒险尝试了一种新的生活方式和存在方式。笛卡尔的"我思故我在"开创了代表近代的事物新秩序。不顾一切地谋求确定性是为了新事物的冒险，它摒弃了中世纪的基督教叙事。启蒙运动也是一段叙事。康德的道德理论同样是一段极为大胆的叙事。在他的讲述中，道德之上帝确保对幸福的分配"与道德完全成正比"[77]。我们为了德性而放弃的尘世享受由道德来补偿。康德关于灵魂不死的公设也是一种大胆的讲述。在康德看来，"造就至善"以"一种无限绵延的实存"为前提，因为没有任何"感官世界的存在者在其存在的某一时刻"能够达到"意志与道德法则的完全适合"。因此，有必要设定"一种无限进展的进步"，人类在其中谋求超越死亡的"至善"1 [78]。就关于灵魂不死的讲述而言，康德的道德理论寓言（Fabel）与柏拉图式的神话并无本质区别。与康德相比，柏拉图特别强调他所讲的是一个故事（mythos）。

新的讲述能够成就新的认知。尼采对全部价值的重估开启了一种认识世界的全新角度。世界似乎被重新讲述，使我们采用完全不同的视角来看世界。尼采《快乐的科学》自然不是狭义上的科学，它被构想为一部未来叙事，其根基是"希望"，是"对明天和后天的信仰"。尼采对全部价值的重估作为一种讲述，既是冒险也是庆典，甚至是一部奇遇记。它开启了未来。尼采在《快乐的科学》序言中是这样描述的："'快乐的科学'：意味着一种精神的农神节，这种精神坚忍地抵抗了一种可怕的、长久的压力——坚忍地、严峻地、冷酷地，毫不屈服，但又毫无希望——而现在一下

1　译文参照康德：《康德三大批判合集》，下卷，李秋零译注，北京，中国人民大学出版社，2016年，第631页。

子受到希望的突袭，那种痊愈的希望，那种痊愈的醉态。并不奇怪，在这过程中显露出许多非理性的和愚蠢的东西，许多戏弄人的柔情，甚至浪费在那些难题上，这些难题具有一种刺人的毛皮，并不适合于被爱抚和被吸引。全书无非一种经历长期匮乏和昏聩之后的娱乐，是欢呼恢复的精力，是颂扬对明天和后天的重新苏醒的信仰，是赞颂对将来、对临近的冒险、对重新敞开的大海、对重新被许可和重新被信仰的目标的突然感受和预感。"[1][79] 作为讲述者，尼采特别强调了他的作者身份："它尽在我的掌握之中，我能自如地转换视角：这就是为何唯有我才可能对价值进行重估。"[80] 只有当理论具有故事性，成为一种讲述，才能化为激情。人工智能没有激情，没有讲述的热情，自然无法思考。

一旦哲学以科学自居，甚或以一门精确的科学自居时，它的颓败就开始了，因为它否定了自身原有的讲述意味，于是失去了自己的语言，陷入了缄默。学院式哲学不遗余力地"管理"着哲学史，这样的哲学是无法进行讲述的。它根本不是冒险行动，反而成了个官僚机构。面对当下这场叙事危

1　译文引自尼采：《快乐的科学》，第二版前言，孙周兴译，上海，上海人民出版社，2022年，第3页。

机，哲学领域也没能幸免于难，正面临着终结的威胁。我们已经不再敢于面对哲学，面对理论，自然也就失去了讲述的勇气。我们应该意识到，思想本身就是一种按照讲述步骤而进行的讲述。

讲述即治愈

Erzählung als Heilung

在《思想肖像》一文中，本雅明唤起了治愈的源初场景："孩子病了，母亲让他躺到床上，自己坐在他身边，然后开始给孩子讲故事。"[81]讲述能产生深度放松的状态，并建立原始的信任感，从而达到治愈的目的。母亲慈爱的声音能让孩子平静，能抚慰他的心灵，能增强联结，并给予孩子支持。而且，儿童故事里的世界是完美的，故事把世界变为亲熟的在家。孩子患病相当于面临一场危机，以成功克服危机为基本模式之一的儿童故事，可以帮助孩子渡过危机。

具有治愈力的还有会讲述的手。本雅明谈到了一位女性的手，它们动起来就像在讲故事，有一种非比寻常的治愈力："那双手的动作极富表现力，但你却无法对其进行描述……它们仿佛在讲故事。"[82]每一种疾病都透露出某种内在的梗阻，而讲述的节奏可以消除那些梗阻。讲述的手能够化解紧张、停滞和硬化，能使事物恢复正常，使其再度流动。

本雅明思考的问题是："如果每一种疾病都能顺着讲述的河流漂得足够远，一直到达河口，那么它们是否就都能被治愈。"[83] 痛苦是一座堤坝，起初还挡得住讲述之河。但当河水上涨，水流变得足够大时，堤坝就被冲破了，之后，途中遇到的一切都会被讲述的洪流冲进幸福的解脱之海。抚慰之手"划出一条河道"来疏导讲述之河的流向。[84] 本雅明指出，患者在治疗之初对医生的讲述已经开启了疗愈的过程。

弗洛伊德将痛苦视为一种症状，表明一个人的故事出现了梗阻，因而无法将故事继续下去。精神性的障碍是讲述滞碍的表现。治疗方法是让病人从讲述滞碍中解脱出来，将无法讲述的内容用语言表达出来。当病人能畅所欲言时，就说明他得到了治愈。

讲述本身就充分显示出治愈力。本雅明提到了《梅塞堡咒语》（*Merseburger Zaubersprüche*），其中第二条便是用于治疗的咒语。然而，它并非抽象的表达，而是讲述了一匹马受伤的故事，奥丁（Odin）[1]在医治马的过程中使用了咒语。本雅明认为："那些咒语不仅仅是重复了奥丁的用语，而且还讲述了奥丁最初使用咒语所依据的内容。"[85]

讲述能够打败创伤事件。比如将创伤事件融入提供安慰或希望的宗教叙事中，以此来帮助我们克服危机。在面对危急事件时，危机叙事（Krisennarrative）可以将危急事件置于有意义的背景中，从而帮助我们战胜危机。阴谋论也有治疗功效。阴谋论之所以得到流传，尤其在危机时期，在于它们为造成危机的复杂问题提供了简单的解释。对于危机情况，讲述本身就具有治疗作用，因为它为危机指派了一个过去的时间点。一旦退入过去，危机便不再关涉当下，相当于危机被搁置了。

在《积极的生活，或行动的生活》（*Vita activa oder Vom tätigen Leben*）中，阿伦特引用伊萨克·迪内森[2]的一句独特表达作为"行动"一章的题词："所有的忧虑都可以忍受，只要你把它放到一个故事里，或者讲成一个故事。"[86]叙事

1　古代日耳曼神话中的主神。

2　即凯伦·布里克森（Karen Blixen, 1885—1962），丹麦作家，曾用笔名伊萨克·迪内森（Isak Dinesen）。

想象力具有治愈作用。当忧虑披上叙事的外衣，它就卸下了令人压抑的实事性。忧虑会被叙事节奏和叙事旋律占据。叙事使忧虑超越了纯粹的实事性。它们不会硬化成精神梗阻，而是在讲述之河中流淌起来。

尽管如今是个"故事化"的时代，但讲述的氛围已然在消亡。医生看病时也几乎不再讲述。他们没有时间和耐心去倾听。效率的逻辑与讲述的精神格格不入。只有心理治疗和精神分析尚能让人回忆起讲述的治愈力。米切尔·恩德（Michael Ende）同名小说的主人公毛毛（Momo）只需要倾听就能将人治愈。"时间是毛毛唯一富有的东西。"她是时间的富人，而且她的时间关涉他者。他者的时间即美好的时间。毛毛堪称理想的倾听者："小毛毛能做到而别人做不到的事，那就是倾听。这其实没什么特别，也许有人会说，听别人讲话谁都会。但你如果真这么想，那可就错了。真正会倾听的人少之又少。而且，像毛毛这样懂得如何倾听的人简直就不曾有过。"毛毛友善且专注的沉默甚至能让他人产生自己从未有过的思想："这并不是因为她说了什么或问了什么，从而给对方某种启发，不，她只是坐在那儿倾听，心神专注，充满同情。这时候，她用那双又大又深沉的眼睛看着对方，使被看的人觉得脑海中仿佛忽然涌现出一些自己从未想过的、隐藏在心底的想法。"毛毛能使他人畅所欲言。她通过消除讲述梗阻达到治愈目的："另一次，一个小男孩把自己不愿意再唱歌的金丝雀送到毛毛面前。这对于毛毛来说是一个更加艰巨的任务。她不得不耐心地倾听，等了一个星期，那只鸟才终于又欢唱起来。"

倾听主要针对讲述的人，而非讲述的内容，这是个关乎"谁是他者"的问题。毛毛用她友善、深切的凝视明确指认出了他者的他性。倾听不是被动的状态，而是一种主动的"做"（Tun）。它启发对方进行讲述，开辟共鸣的空间，让讲述者感到自己被正视，被听见，甚至被爱。

触摸也有治愈力。触摸就像讲故事一样，可以产生亲近和原始的信任。作为有触觉的讲述，它能消除导致痛苦和疾病的紧张与梗阻。医学家维克托·冯·魏茨泽克（Viktor von Weizsäcker）描述了一种治疗的原初场景："当小女孩看到弟弟痛苦的状态，她本能地想到一个办法：她讨好般地伸出手，想要轻抚他的痛处。这位小救护员就这样第一次成了医生。她有对源初疗效的预知（Vorwissen）而不自知。这种先觉将她的冲动传递到手上，并引领她的手去触摸，从而发挥治疗作用。这正是弟弟所需要的，因而这只手让他不再那么痛苦。被姐姐的手触碰的感觉进入他与他的疼痛之间，疼痛便在这种全新的感受面前消退了。"[87] 触摸的手具有同讲述的声音一样的疗效。它能产生亲近与信任，能消除紧张，克服恐惧。

如今，我们生活在一个非接触式社会。接触要以他者的他性为前提，而他性决定了他者是不可支配的。我们无法触摸可消费的对象，只能抓住它或占有它。然而，体现了数字机制的智能手机制造了百分百可支配的假象。它的消费主义特征遍及生活的方方面面。它剥夺了他者的他性，使其沦为可消费的对象。

接触的日渐贫乏会让人患病。我们如果完全没有接触，就会被死死地困于自我之中。真正意义上的接触能使我们摆脱自我的牢笼。接触的贫乏最终就是世界的贫乏。这会造成我们的抑郁、孤独和恐惧。数字化正在加剧接触的贫乏，正在制造一个贫乏的世界。荒谬的是，与日俱增的连通性（Konnektivität）却将我们孤立开来。这便是网络化的险恶的辩证法。被联网并不意味着被联结。

社交网络上的"故事"（Storys）实际上不过是令人陷入

孤立的自我展现。与讲述相反，它们既不产生近端，也不催生共情。归根结底，它们是视觉上被修饰过的信息，被接收之后便会迅速消失；它们不讲故事，只做广告。追求关注并不能创造共同体。在故事化即卖故事的时代，讲述和广告难分彼此。这就是当前的叙事危机。

讲述共同体

Erzählgemeinschaft

彼得·纳达斯（Peter Nadás）在他的散文《谨慎安置》（"Behutsame Ortsbestimmung"）中讲述了一个村庄，在这个村子的中央矗立着一棵巨大的野梨树，在温暖的夏夜，村民会聚在树下讲故事。这个村庄形成了一个讲述共同体。承载着价值观和规范的故事将人紧密地联系在一起。讲述共同体是一个没有交际的共同体："人们感觉到，这里的生命力并非源自个人经历，而是源自深沉的静默。"[88] 在野梨树下，村庄沉浸于"仪式性沉思"，并为"集体意识的内容"祈福："他们不是在商谈议事，而是不停地讲述着一个独一无二的宏大故事。"[89] 在文章结尾，纳达斯不无遗憾地写道："我仍然记得，温暖的夏夜里，村庄在大野梨树下……轻声歌唱。……如今不再有被选中的树，村庄的歌声也沉寂了。"[90]

在纳达斯的讲述共同体，即没有交际的共同体中，有一种沉默，一种无声的和睦。它与如今的信息社会截然相反。如今我们不再讲故事，而是发帖、分享和点赞。讲故事被过度交际取而代之。为集体意识的内容而祈福的"仪式性沉思"让渡于交际和信息的狂热。把村民集体带入一个故事中并通过这种方式把他们联结在一起的"歌唱"，被交际的嘈杂声彻底淹没。没有共同体的交际取代了没有交际的共同体。

讲述产生社会凝聚力。讲述蕴含着意义来源，并且传递促进共同体的价值观，因此它区别于建立制度的叙事。正是以新自由主义制度为基础的叙事阻碍了共同体的形成。新自由主义的绩效叙事把每个人都变成自己的雇主，每个人都在与他人竞争。这种绩效叙事不产生社会凝聚力，不会创造出"我们"，相反，它不仅破坏团结，而且减少共情。自我优化、自我实现、本真性等新自由主义叙事将人孤立开来，从而破坏了社会的稳定。如果每个人都沉湎于对自身的敬拜，成为自己的祭司，每个人都在自我生产，自我表演，这种情况下不可能形成稳定的共同体。

神话是一种仪式化的共同体讲述（Gemeinschaftserzählung）。

然而，并非只存在具有集体意识内容的神话讲述共同体。拥有未来叙事的现代社会也可以形成允许变化存在的动态讲述共同体。那些反对自由主义放任态度的保守民族主义叙事具有排他性和歧视性。但并不是一切能够创造共同体的叙事都建立在排除他者的基础上，因为还有一种不依附于同一性的包容性叙事。激进的普遍主义，如康德在《论永久和平》中所倡导的，是一个涵括了所有人、所有民族并使其结成一个世界共同体的宏大叙事。康德将永久和平建立在"世界公民法权"（Weltbürgerrecht）和"好客"（Hospitalität）思想的基础之上。因此，每个人都有权"凭借共同拥有地球表面的法权而进行交往，在地球表面这个球面上，人们不可能无限地分散，而是最终必须容忍相邻存在，但原初没有任何人比其他人有更多的法权住在地球的某处"[1][91]。依照这一普遍主义的叙事，世界不可能再有难民，每个人都享有无限的好客，每个人都是世界公民。诺瓦利斯也是激进的普遍主义的代表。他所想的是超越民族与身份属性的"世界家庭"。他将诗抬举为和解与爱的媒介。诗将人与物合成最亲密的共

1　译文参照康德：《论永久和平》，见《康德历史哲学文集》，李秋零译注，北京，中国人民大学出版社，2016 年，第 154 页。

同体："诗提升每一个别物，乃是通过将它与其余的整体独特地联系起来。……诗构建美的社会——世界家庭——美的宇宙家政。……个体生存于整体之中，整体也生存于个体之中。通过诗才可能产生最高的共情和合力（Coactivität），以及最紧密的共同体。"[1][92] 这个最亲密的共同体是讲述共同体，但它拒绝排他性的身份叙事。

晚期现代社会没有足够的共同体讲述，动荡不安。没有共同体讲述，就不会形成催生共同行动的真正意义上的政治。在新自由主义制度下，共同体讲述明显已经崩解，成了自我实现模式的私人叙事。为了提高绩效和生产力，新自由主义将人孤立起来，阻碍了共同体讲述的形成，导致我们极度缺乏能够创造共同体和意义的讲述。私人叙事的过盛令共同体遭到侵蚀。社交网络上与自我展示别无二致的"私人故事"严重破坏了政治的公众性（Öffentlichkeit），给共同体讲述的形成增加了困难。

纯粹意义上的政治行动以叙事为前提，也就是说，它必须是可讲述的。没有叙事，行动就会退化为任意的行动或反

1　译文引自诺瓦利斯：《夜颂中的革命和宗教》，林克译，北京，华夏出版社，2008年，第96页。

应。政治行动的先决条件是叙事的连贯性。汉娜·阿伦特明确指出了行动与叙事的联系："因为如前所述，行动和言说与希腊人理解的政治密切相关，而这两种活动的确总能形成一个故事，即一个过程，无论个别事件及原因是多么偶然和意外，它最终都具有足够支撑讲述的连贯性。"[93]

如今，叙事愈发被剥夺了政治属性。叙事的主要任务转变为，通过产生文化独异性，如制造奇特的物品、风格、地方、集体或事件，实现社会的独异化。[94] 这样一来，行动便不再有建立共同体的力量。叙事乃共同行动，即"我们"存在的基础。然而，叙事如今几乎被商业占为己用。以卖故事为唯一要义的故事化并不产生讲述共同体，它只催生消费共同体。叙事沦为商品，被不断生产和消费。消费者无法形成共同体，无法形成"我们"。叙事的商业化剥夺了其政治力量。通过用道德叙事诸如"公平贸易"等对某些物品进行美化，就连道德也变得可消费。经过道德叙事包装的商品作为与众不同的信息被出售和消费。以叙事为媒介的道德消费只会增加自我价值。通过叙事，我们没有与需要改善的共同体产生联系，而是关涉到了自己的自我。

卖故事

Storyselling

　　如今，我们对故事化无比推崇，以至于产生了一种故事越讲越丰富的错觉。实际上，故事化绝不意味着讲述的回归，相反，它致力于使讲述工具化和商品化。故事化将自己打造成一种高效的交际技术，其追求的目标往往是操纵性的。这始终是一个"故事化该怎么用"的问题。你如果把潜心于故事化的产品经理看作某种新式讲述的先锋派，那可就是误解了。

　　以卖故事为唯一要义的故事化并没有讲述原本所具有的力量。讲述就好像为存在加入了关节，从而为生命提供了方向和支点。作为故事化产物的叙事则与信息的特征高度吻合。它们都是短效、随意和可消费的，无法稳固生命。

　　叙事比纯粹的事实或数字更有效，因为它能触发情绪。

情绪最能对叙事做出回应。贩卖故事（Storys sell）其实相当于贩卖情绪（Emotions sell）。情绪源自大脑边缘系统，此系统在我们感知不到的身体本能的层面控制着我们的行动。情绪可以越过理智对我们的行为施加影响，这就等于绕过了有意识的防御反应。通过有针对性的占用讲述，资本主义对前反思层面的生活加以管控，从而避开了有意识的控制和批判性的反思。

　　故事化席卷了各个领域。甚至数据分析师也掌握了故事化的要领，因为在他们看来数据是没有灵魂的。数据与叙事截然相反。数据无法使人受到心灵的触动，它激发的主要是理智，而非情绪。连初出茅庐的记者都会参加关于故事化的研讨会，就好像他们要写小说一样。故事化的主要用武之地在营销学，它必须将"废物"变成"贵物"。承诺为消费者带来特殊体验的叙事对于创造价值起着决定作用。在故事化的时代，我们对叙事的消费远多于物品。叙事内容比使用价值更重要。就连一个地方的独特故事也可以商业化。为了给当地制造的产品增加叙事价值，故事化会对那些地方故事加以商业利用。然而，真正意义上的故事能够创造共同体。它通过赋予群体同一性而促使共同体的形成。故事化则把故事变成了商品。

　　现在连政客都懂得贩卖故事的重要性。事实证明，在博眼球的比拼中，叙事比论证更奏效。叙事就这样被政治工具化了。问题的重点不再是理智，而是情绪。故事化作为有效的政治交际技巧，绝不属于那种面向未来、给予人们意义和方向的政治愿景。政治叙事的意义在于承诺事物的新秩序，描绘可能的世界。如今我们缺失的正是给我们带来希望的未来叙事。我们在各种危机间转场。政治削减成解决问题。唯有讲述方能开启未来。

　　生活即讲述。人作为一种叙事动物与动物的区别在于，人能够通过讲述实现新的生活方式。讲述具有"重新开始"的力量。任何改变世界的行动都以讲述为前提。相反，故事化只了解一种生活方式，那就是消费主义的生活方式。以卖故事为唯一要义的故事化，无法筹划出完全不同的生活方式。在故事化的世界里，一切皆沦为消费，导致我们对别样的讲述、别样的生活方式、别样的感知和现实视而不见。这就是故事化时代的叙事危机。

注　释

[1]　尼克拉斯·卢曼：《信息社会中的决断》（*Entscheidungen in der Informationsgesellschaft*），见 https://www.fen.ch/texte/gast_luhmann_informationsgesellschaft.htm。

[2]　瓦尔特·本雅明：《讲故事的人——尼古拉·列斯科夫作品考察》（"Der Erzähler. Betrachtungen zum Werk Nikolai Lesskows"），见 R. 蒂德曼（R. Tiedemann）、H. 施韦彭霍伊泽（H. Schweppenhäuser）编《本雅明文集》（*Gesammelte Schriften*），第 2 卷，法兰克福，1991 年，第 438~465 页。此处：第 444 页。

[3]　同上书，第 445 页。

[4]　同上。

[5]　本雅明：《拱廊计划》（*Das Passagen-Werk*），见《本雅明文集》，第 5 卷，法兰克福，1991 年，第 560 页。

[6]　本雅明：《讲故事的人》，见《本雅明文集》，第 2 卷，第 444 页。

[7]　同上书，第 445 页。

[8]   同上书，第 446 页。本雅明没有准确还原萨米尼武斯的故事。他的概述与原文出入较大。他显然采用了米歇尔·德·蒙田在《随笔集》中对该故事的叙述版本。

[9]   同上书，第 443 页。

[10]   同上。

[11]   同上书，第 445 页。

[12]   同上书，第 444 页。

[13]   本雅明：《拱廊计划》，见《本雅明文集》，第 5 卷，第 161 页。

[14]   本雅明：《讲故事的人》，见《本雅明文集》，第 2 卷，第 447 页。

[15]   本雅明：《经验与贫乏》（"Erfahrung und Armut"），见《本雅明文集》，第 2 卷，法兰克福，1991 年，第 213~219 页。此处：第 214 页。

[16]   本雅明：《讲故事的人》，见《本雅明文集》，第 2 卷，第 442 页。

[17]   同上。

[18]   同上。

[19]   本雅明：《经验与贫乏》，见《本雅明文集》，第 2 卷，第 214 页。

[20]   同上书，第 215 页。

[21]   同上。

[22]   同上书，第 218 页。

[23]   同上。

[24]   同上书，第 219 页。

[25] 同上。

[26] 保罗·舍尔巴特（Paul Scheerbart）:《玻璃建筑学》（*Glasarchitektur*），柏林，1914 年，第 29 页。

[27] 贝托尔特·布莱希特:《札记 2：1941—1955 年个人生活笔记》（*Journale 2. Autobiografische Notizen 1941—1955*），法兰克福，1995 年，第 19 页。

[28] 本雅明:《拱廊计划》，见《本雅明文集》，第 5 卷，第 600 页。

[29] 马塞尔·普鲁斯特（Marcel Proust）:《追忆似水年华》（*Auf der Suche nach der verlorenen Zeit*），第 1—7 卷，法兰克福，1994 年，第 4760 页。

[30] 同上。

[31] 同上。

[32] 海德格尔:《存在与时间》，图宾根，1979 年，第 390 页。

[33] 同上书，第 390 页以下。

[34] 同上书，第 390 页。

[35] 同上书，第 374 页。

[36] 同上书，第 384 页。

[37] 本雅明:《机械复制时代的艺术作品》（"Das Kunstwerk im Zeitalter seiner technischen Reproduzierbarkeit"），见《本雅明文集》，第 1 卷，法兰克福，1989 年，第 435~508 页。此处：第 461 页。

[38] 参见韩炳哲:《精神政治学》（*Psychopolitik*），法兰克福，2014 年。

[39] 让-保罗·萨特（Jean-Paul Sartre）:《恶心》（*Der Eckel*），

赖恩贝克，2013 年，第 34 页。

[40] 同上书，第 36 页。

[41] 同上书，第 14 页。

[42] 同上书，第 20 页。

[43] 同上书，第 50 页。

[44] 同上书，第 51 页。

[45] 同上书，第 279 页。

[46] 彼得·汉德克：《试论点唱机》（*Versuch über die Jukebox*），法兰克福，1993 年，第 70 页以下。

[47] 同上书，第 74 页。

[48] 让·鲍德里亚：《他 者 本 身：教 授 资 格 论 文》（*Das Andere selbst. Habilitation*），维也纳，1994 年，第 19 页。

[49] 保罗·马尔（Paul Maar）：《不会讲故事的男孩》（"Die Geschichte vom Jungen, der keine Geschichten erzählen konnte"），载《时代周报》，2004 年 10 月 28 日。

[50] 诺瓦利斯（Novalis）：《塞斯的弟子们》（*Die Lehrlinge zu Sais*），见 P. 克卢克霍恩（P. Kluckhohn）、R. 萨穆埃尔（R. Samuel）编《诺瓦利斯诗文集》，第 1 卷，斯图加特，1960 年，第 71~111 页。此处：第 100 页以下。

[51] 本雅明：《单行道》（*Einbahnstraße*），见《本雅明文集》，第 5 卷，第 83~148 页。此处：第 116 页。

[52] 本雅明：《论波德莱尔的若干母题》（"Über einige Motive bei Baudelaire"），见《本雅明文集》，第 1 卷，第 605~653 页。此处：第 646 页。

[53] 齐格弗里德·克拉考尔（Siegfried Kracauer）：《大众装饰：

魏玛时期文论》（*Das Ornament der Masse, Essays*），法兰克福，1977 年，第 24 页以下。

[54] 普鲁斯特：《追忆似水年华》，第 4760 页："某些喜爱神秘的人愿意相信在各种物品上保留着观望过它们的目光中的什么东西，呈现在我们面前的纪念碑和图画无不带着情感的帷幕，这是几个世纪中无数崇拜者用爱和瞻仰的目光织成的。"（引自：《追忆似水年华 VII：重现的时光》，徐和瑾、周国强译，南京，译林出版社，2012 年，第 187 页。）

[55] 本雅明：《拱廊计划》，见《本雅明文集》，第 5 卷，第 396 页。

[56] 本雅明：《论波德莱尔的若干母题》，见《本雅明文集》，第 1 卷，第 646 页。

[57] 普鲁斯特：《追忆似水年华》，第 453 页。

[58] 本雅明：《论波德莱尔的若干母题》，见《本雅明文集》，第 1 卷，第 647 页。

[59] 保罗·维利里奥（Paul Virilio）：《信息与启示：欺骗策略》（*Information und Apokalypse. Die Strategie der Täuschung*），慕尼黑，2000 年，第 39 页。

[60] 苏珊·桑塔格：《同时：随笔与演说》（*Zur gleichen Zeit. Aufsätze und Reden*），慕尼黑，2008 年，第 282 页。

[61] 同上书，第 281 页。

[62] 《网络战争、上帝及电视：保罗·维利里奥访谈》（"Cyberwar, God and Television, An Interview with Paul Virilio"），见阿图尔·克洛克（Arthur Kroker）、玛丽路易斯·克罗克（Marilouise Kroker）编《数字化谵妄》（*Digital Delirium*），纽约，1997 年，

第 41~48 页。此处：第 47 页。

[63] 格肖姆·肖勒姆（Gershom Scholem）：《犹太教神秘主义主流》（*Die jüdische Mystik in ihren Hauptströmungen*），法兰克福，1993 年，第 384 页。

[64] 本雅明：《论波德莱尔的若干母题》，见《本雅明文集》，第 1 卷，第 651 页。

[65] 同上书，第 653 页。

[66] 本雅明：《机械复制时代的艺术作品》，见《本雅明文集》，第 1 卷，第 464 页。

[67] 本雅明：《论波德莱尔的若干母题》，见《本雅明文集》，第 1 卷，第 613 页。

[68] 同上书，第 650 页。

[69] 同上书，第 616 页。

[70] 雅克·拉康：《精神分析的四个基本概念》（*Die vier Grundbegriffe der Psychoanalyse*），魏恩海姆，1987 年，第 107 页。

[71] 海德格尔：《林中路》（*Holzwege*），法兰克福，1950 年，第 18 页。

[72] 弗洛伊德：《自我与本我及元心理学论文》（*Das Ich und das Es und andere metapsychologische Schriften*），法兰克福，1978 年，第 121~171 页。此处：第 138 页。

[73] 载《连线》，2008 年 7 月 16 日。

[74] 同上。

[75] 伊丽莎白·布朗芬（Elisabeth Bronfen）：《理论即讲述：论西格蒙德·弗洛伊德》（"Theorie als Erzählung: Sigmund

Freud"），见迪特·梅尔施（Dieter Mersch）等编《美学理论》（*Ästhetische Theorie*），苏黎世／柏林，2019 年，第 57~74 页。此处：第 59 页。

[76] 《斐多篇》（*Phaidon*），114d，迪尔迈尔译本（F. Dirlmeier）。

[77] 康德：《实践理性批判》（*Kritik der praktischen Vernunft*），见《康德著作集》（10 卷本），第 6 卷，达姆施塔特，1983 年，第 239 页。

[78] 同上书，第 252 页以下。

[79] 尼采：《快乐的科学》（*Die fröhliche Wissenschaft*），见 G. 柯利（G. Colli）、M. 蒙蒂纳里（M. Montinari）编《尼采全集》（考订研究版），第 3 卷，柏林／纽约，1988 年，第 345 页以下。

[80] 尼采：《遗稿，1869—1874 年》（*Nachgelassene Fragmente 1869—1874*），见《尼采全集》（考订研究版），第 13 卷，第 630 页。

[81] 本雅明：《思想肖像》（"Denkbilder"），见《本雅明文集》，第 4 卷，法兰克福，1971 年，第 305~438 页。此处：第 430 页。

[82] 同上。

[83] 同上。

[84] 同上。

[85] 同上。

[86] 汉娜·阿伦特：《积极的生活，或行动的生活》（*Vita activa oder Vom tätigen Leben*），慕尼黑，1981 年，第 164 页。

[87] 维克托·冯·魏茨泽克（Viktor von Weizsäcker）：《痛苦》（"Die Schmerzen"），见《冯·魏茨泽克文集》第 5 卷《医

生与病患：医学人类学文集》(*Der Arzt und der Kranke. Stücke einer medizinischen Anthropologie*)，法兰克福，1987年，第27~47页。此处：第27页。

[88] 彼得·纳达斯（Peter Nádas）：《谨慎安置：两则报道》(*Behutsame Ortsbestimmung. Zwei Berichte*)，柏林，2006年，第11页。

[89] 同上书，第17页。

[90] 同上书，第33页。

[91] 康德：《论永久和平》(*Zum ewigen Frieden*)，见 W. 魏斯切德尔（W. Weischedel）编《康德著作集》(10卷本)，第9卷，威斯巴登，1964年，第193~251页。此处：第214页。

[92] 诺瓦利斯：《诺瓦利斯诗文集》，第2卷，第533页。

[93] 阿伦特：《积极的生活，或行动的生活》，第90页。

[94] 参见安德雷亚斯·莱克维茨（Andreas Reckwitz）：《独异性社会：现代的结构转型》(*Die Gesellschaft der Singularitäten: Zum Strukturwandel der Moderne*)，柏林，2019年。

附录　韩炳哲著作年谱

Heideggers Herz. Zum Begriff der Stimmung bei Martin Heidegger.
Wilhelm Fink, Paderborn 1996.
《海德格尔之心：论马丁·海德格尔的情绪概念》

Todesarten. Philosophische Untersuchungen zum Tod.
Wilhelm Fink, Paderborn 1998.
《死亡类型：对死亡的哲学研究》

Martin Heidegger. Eine Einführung.
UTB, Stuttgart 1999.
《马丁·海德格尔导论》

Tod und Alterität.
Wilhelm Fink, Paderborn 2002.
《死亡与变化》

Philosophie des Zen-Buddhismus.

Reclam, Stuttgart 2002.

《禅宗哲学》(陈曦译，中信出版社，2023 年)

Hyperkulturalität. Kultur und Globalisierung.

Merve, Berlin 2005.

《超文化：文化与全球化》(关玉红译，中信出版社，2023 年)

Was ist Macht?

Reclam, Stuttgart 2005.

《什么是权力？》(王一力译，中信出版社，2023 年)

Hegel und die Macht. Ein Versuch über die Freundlichkeit.

Wilhelm Fink, Paderborn 2005.

《黑格尔与权力：通过友善的尝试》

Gute Unterhaltung. Eine Dekonstruktion der abendländischen Passionsgeschichte.

Vorwerk 8, Berlin 2006; Matthes & Seitz, Berlin 2017.

《娱乐何为：西方受难史之解构》(关玉红译，中信出版社，2019 年)

Abwesen. Zur Kultur und Philosophie des Fernen Ostens.

Merve, Berlin 2007.

《不在场：东亚文化与哲学》(吴琼译，中信出版社，2023 年)

Duft der Zeit. Ein philosophischer Essay zur Kunst des Verweilens.

Transcript, Bielefeld 2009; 2015.

《时间的香气：驻留的艺术》(吴琼译，中信出版社，2024 年)

Müdigkeitsgesellschaft.
Matthes & Seitz, Berlin 2010; 2016.
《倦怠社会》（王一力译，中信出版社，2019 年）

Shanzhai. Dekonstruktion auf Chinesisch.
Merve, Berlin 2011.
《山寨：中国式解构》（程巍译，中信出版社，2023 年）

Topologie der Gewalt.
Matthes & Seitz, Berlin 2011.
《暴力拓扑学》（安尼、马琰译，中信出版社，2019 年）

Transparenzgesellschaft.
Matthes & Seitz, Berlin 2012.
《透明社会》（吴琼译，中信出版社，2019 年）

Agonie des Eros.
Matthes & Seitz, Berlin 2012.
《爱欲之死》（宋娀译，中信出版社，2019 年）

Bitte Augen schließen. Auf der Suche nach einer anderen Zeit.
Matthes & Seitz, Berlin 2013.
《请闭上眼睛：寻找另一个时代》

Im Schwarm. Ansichten des Digitalen.
Matthes & Seitz, Berlin 2013.
《在群中：数字景观》（程巍译，中信出版社，2019 年）

Digitale Rationalität und das Ende des kommunikativen Handelns.
Matthes & Seitz, Berlin 2013.
《数字理性和交往行为的终结》

Psychopolitik: Neoliberalismus und die neuen Machttechniken.
S. Fischer, Frankfurt 2014.
《精神政治学：新自由主义与新权力技术》（关玉红译，中信出版社，2019年）

Die Errettung des Schönen.
S. Fischer, Frankfurt 2015.
《美的救赎》（关玉红译，中信出版社，2019年）

Die Austreibung des Anderen: Gesellschaft, Wahrnehmung und Kommunikation heute.
S. Fischer, Berlin 2016.
《他者的消失：现代社会、感知与交际》（吴琼译，中信出版社，2019年）

Close-Up in Unschärfe. Bericht über einige Glückserfahrungen.
Merve, Berlin 2016.
《模糊中的特写：幸福经验报告》

Lob der Erde. Eine Reise in den Garten.
Ullstein, Berlin 2018.
《大地颂歌：花园之旅》（关玉红译，中信出版社，2024年）

Vom Verschwinden der Rituale. Eine Topologie der Gegenwart.
Ullstein, Berlin 2019.
《仪式的消失：当下的世界》（安尼译，中信出版社，2023年）

Kapitalismus und Todestrieb. Essays und Gespräche.

Matthes & Seitz, Berlin 2019.

《资本主义与死亡驱力》(李明瑶译，中信出版社，2023 年)

Palliativgesellschaft. Schmerz heute.

Matthes & Seitz, Berlin 2020.

《妥协社会：今日之痛》(吴琼译，中信出版社，2023 年)

Undinge: Umbrüche der Lebenswelt.

Ullstein, Berlin 2021.

《非物：生活世界的变革》(谢晓川译，东方出版中心，2023 年)

Infokratie. Digitalisierung und die Krise der Demokratie.

Matthes & Seitz, Berlin 2021.

《信息统治：数字化与民主危机》

Vita contemplativa: oder von der Untätigkeit.

Ullstein, Berlin 2022.

《沉思的生活，或无所事事》(陈曦译，中信出版社，2023 年)

Die Krise der Narration.

Matthes & Seitz, Berlin 2023.

《叙事的危机》(李明瑶译，中信出版社，2024 年)